Erich Hellerstieg

DAS SCHIFF IST GEFECHTSKLAR

Hinweis!

Alle Namen in diesem Buch wurden sowohl aus datenschutzrechtlichen, als auch aus Pietätsgründen geändert, da sie keinerlei Relevanz besitzen und den Inhalt dieses Buches nicht maßgeblich beeinflussen! Dieses Buch ist somit nicht zur Ahnenforschung geeignet, berechtigte Anfragen beantwortet der Herausgeber aber sehr gerne!

Namensähnlichkeiten oder -übereinstimmungen sind daher rein zufällig. Dieses Buch soll der zeitgeschichtlichen Aufklärung dienen, nicht aber das Ansehen noch lebender oder bereits verstorbener Personen schädigen! Die folgenden Texte wurden aber soweit wie möglich im Original belassen, ebenso die Feldpostnummern und Adressen, um die Authentizität im Ganzen zu wahren!

Erstausgabe, alle Rechte vorbehalten!
Gestaltung, Transkription und Artwork: Stefan Heikens
Herstellung und Verlag: BoD - Books on Demand, Norderstedt
© 2019
ISBN: 9783743190474

Inhaltsangabe

Vorwort
Seite 7

MKS Mürwik
Seite 9

Admiral Scheer
Seite 63

Vorwort des Herausgebers

Als Erich Hellerstieg in die Marineschule Mürwik aufgenommen wurde, um dort zum Elektrotechniker ausgebildet zu werden, befand sich das Dritte Reich bereits seit drei Jahren im Krieg. Und endlich, im Jahr 1942, sollte auch Erich seinen Teil dazu beitragen dürfen. Geblendet von der Propaganda seiner Zeit begann er in Mürwik das hier folgende, ungekürzt wiedergegebene Logbuch zu verfassen. Doch dabei schien es für ihn, anders als für uns heute, nie ersichtlich gewesen zu sein, was wirklich mit ihm geschah. Er verstand ganz offensichtlich nicht, dass es seinen Vorgesetzten fast ausschließlich darum ging ihm „Kadavergehorsam" beizubringen, obwohl er selbst voller Überzeugung schrieb:

„Der preußische Drill, der ja viel verspottet und verflucht wird, gerade der ist es, der den Mann erst zum richtigen Soldaten macht, der ihm später den bedingungslosen Gehorsam als selbstverständlich erscheinen lässt... Der Soldat, der zu gehorchen hat, hat für den erteilten Befehl keinerlei Verantwortung zu tragen..."

Je weiter man liest, desto mehr kann man davon finden. Anfangs sind diese Lügen und Warnzeichen noch subtil, doch mit fortschreitender Ausbildung werden sie immer offensichtlicher. Und auch auf der „Admiral Scheer", schlimmer noch als in Mürwik, war Erich dieser Art der Propaganda ausgesetzt. Langweiliger Schulalltag wurde oft unterbrochen von weltbewegenden Nachrichten, doch nie weiß man so ganz genau, wann es Erichs eigenes Denken ist, das aus seinen Zeilen zu uns spricht, und wann das Denken seiner Ausbilder, die jeden seiner Einträge lasen und notfalls auch „korrigierten". Erich schrieb in seinem Logbuch jedenfalls kein einziges freies Wort und so werden wir auch nie erfahren, was er wirklich dachte.

Ich möchte ihn deshalb nicht pauschal und komplett aus der Verantwortung nehmen, denn er mag ein wirklich überzeugter Nazi gewesen sein, doch Kino, Radio und Zeitungen wurden in Deutschland durch das Propagandaministerium gesteuert. Eine freie Presse gab es nicht. Wer nicht linientreu war durfte nicht unterrichten. Die Schule war also ein Mikrokosmos, in dem die Ausbilder die einzige Autorität waren. So war man als Schüler rund um die Uhr der massiven Propaganda ausgesetzt, wie sie hier im Buch zu finden ist, ohne eine wirkliche konträre Sichtweise finden zu können.

Ich denke, es ist deshalb einfach wichtig, das folgende Buch unter diesem Aspekt zu lesen. Es geht nicht um Erich als Individuum, sondern vielmehr um das System in dem er lebte. Erich ließ sich vermutlich von diesem System täuschen und verführen, so wie Millionen anderer Menschen auch, und ihre Taten waren schrecklich. Aber vielleicht kann dieses Buch ein wenig bei der Beantwortung der Frage helfen, wieso später so viele behaupten sollten, gar nichts oder nur wenig gewusst zu haben. Es gab einfach keinen Raum für eigenständiges Denken, es fehlten die Informationen, man wurde mit Lügen gefüttert, die sich erst Jahre später in Luft auflösen sollten.

Lesen Sie die folgenden Seiten also bitte mit offenem Verstand. Stellen sie sich vor selbst von diesem System umgeben zu sein, vollständig und ohne Ausweg. Erinnern Sie sich, was Sie heute noch alles glauben, nur weil Sie es einmal in der Schule so gelernt haben. Und denken Sie daran, es geht nicht um Schuld oder Unschuld, sondern um Verständnis. Denn nur wer wirklich versteht, der kann eine Wiederholung verhindern.

S. H.

MKS Mürwik

Erste militärische Grundausbildung an der
<u>Marineschule Mürwik</u>

Meine Vorgesetzten:

Der Kommandeur der Marineschule:
Herr Konteradmiral Ruhfuss

Der Kommandeur der 3. Abteilung:
Herr Korvettenkapitän Ing. Kretschmar

Der Kompaniechef der 13. Kompanie:
Herr Kapitänleutnant Ing. Jochmann

Der Zugoffizier des 5. Zuges:
Herr Leutnant Ing. Heinze

Der Gruppenführer der 14. Gruppe:
Herr Maschinenmaat Weller

Die Einstellungstage

25.11.1942
Als der Zug, der uns aus der Heimat hierher nach Flensburg brachte, auf dem Hauptbahnhof einlief, wurde ich, wie die anderen Kameraden auch, von zwei Maaten in Empfang genommen. Sie führten uns aus dem Bahnhofsgebäude hinaus und anschließend mussten wir mit sämtlichem Gepäck ungefähr eine Stunde laufen bis wir im Memellager anlangten. Hier wurden wir nach Gruppen eingeteilt und hierbei kam ich als Angehöriger der Haupttruppe I - Untergruppe II zunächst in die Baracke A.

26.11.42
Am folgenden Tage mussten wir die gesundheitliche und sportliche Prüfung ablegen. Die sportliche Prüfung war sehr leicht. So wurde verlangt: Freier Sprung über den Kasten, eine Barrenkürübung, eine Reckkürübung, sowie von Reck und Barren je eine Kraftübung. Ferner ein 400 m-Lauf.

27.11.42
In der sich anschließenden Abschlussprüfung wurde endgültig über Annahme und Nichtannahme entschieden. Bis zum darauffolgenden Wochenanfang konnten wir dann in dem Anbau hocken. Die Langeweile machte sich bemerkbar. Daher war ich froh, als es hieß: Am Montag beginnt der Dienst.

30.11.42
Heute hat der Dienst richtig begonnen. Am Nachmittag haben wir Bücher, Zeichengerät und Schreibzeug empfangen. Nachmittags ist Werkstattbesuch. Wir, das heißt

die vierte Werkstattgruppe, kommen zuerst zur Gasschweißerei.

1.12.42
Am nächsten Morgen haben wir zum ersten Mal Unteroffiziersunterricht und anschließend wieder Werkstattdienst.

2.12.42
Dann, am 2. Dezember, haben wir den ersten Exdienst[1]. Wir üben Grundstellung. Am Nachmittag werden wir eingekleidet, und zwar bekommen wir nur Grauzeug.

3.12.42
Am nächsten Tag wird der Dienst dementsprechend spürbar.

4.12.42
Am 4. Dezember geht es zum ersten Male zum Sport. Kraftübungen mit Rundgewichten. Heute haben wir erstmalig Zugoffiziersunterricht. Wir üben Normschrift. Nachmittags wieder Werkstattdienst.

5.12.42
Am Sonnabendmorgen geht's schwer rund. Zwei Stunden Exdienst. Nachher ist Zugführerunterricht. Wir nehmen die Gliederungen der Marine durch. Nach dem Mittag duschen.

6.12.42
Heute, am Sonntag, habe ich den ganzen Tag geschrieben, Logbuch, usw.

---

[1] Der **Ex**erzierdienst ist die Ausbildung im Waffengebrauch und in der Bewegung geschlossener Abteilungen

Woche vom 7.12.-13.12.

Nach dem ruhig verlebten Sonntag beginnt die neue Woche mit dem aufpeitschenden Pfiff des U.v.D.[2], der uns mit einem Satz aus der Koje springen lässt. Es kommt mir noch immer etwas ungewohnt vor, dieses Schreien und Hasten zu Beginn der Woche.

Der Exdienst treibt uns dann endgültig die Müdigkeit aus den Gliedern. In dieser Woche schließt sich die Ehrenbezeugung an. Zuerst wird das Grüßen in strammer Haltung und mit Blicksenkung eingeübt. Immer wieder findet das scharfe Auge der Gruppenführer einige Fehler.

Aber schließlich klappt es auch mal. Das Grüßen durch Anlegen der rechten Hand an die Kopfbedeckung ist schon schwieriger, und die vielen Mängel stellen große Forderungen an die Geduld des Truppenführers. Es ist also durchaus verständlich, wenn er uns manchmal über den Platz jagt und wir dabei des Öfteren mit dem Erdboden Bekanntschaft machen. Am Donnerstag trat eine erfreuliche Unterbrechung des Exdienstes ein. Der Befehl lautete: „In drei Minuten steht alles in Blau. Abmarsch zum Photographen". Aus drei Minuten wurden jedoch deutlich mehr, so dass dieser Zeitverlust am Abend nachgeholt werden musste.

Schon am Mittag wurde uns ein gemütlicher Abend angekündigt. Die meisten waren froh, dass es noch so gut abgegangen war, sollten jedoch bald eines anderen belehrt werden. In der ganzen Zeit meines Hierseins habe ich noch nicht einen Bruchteil des Schweißes verloren, wie an diesem Abend.

---

[2] Der **U**nteroffizier **v**om **D**ienst ist für die Überwachung des Innendienstes innerhalb seiner Kompanie verantwortlich

Werkstattdienst:
Der Werkstattdienst stellt uns wieder vor neue Aufgaben. Die Prüfung im Gasschweißen haben wir ja alle glücklich überstanden. In der E-Schweißerei in der wir nunmehr unsere Arbeit verrichten, wird geistig ein wenig mehr verlangt, aber trotzdem macht es auch dort Spaß.

Besichtigung und Musterung
Nachdem schon am Mittwoch Herr Kapitänleutnant Jochmann an der Mittagsmusterung teilgenommen hatte und uns in kurzen Worten den Ablauf unserer Ausbildungszeit umrissen hatte, fand am Freitag schon nach knapp zwei Wochen Soldatsein eine Besichtigung durch den Schulkommandeur statt. Es ist doch eine Ehre für uns geworden, dass zwei solche Offiziere (Herr Kapitän z.S.[3] Wagner nahm ebenfalls an der Besichtigung teil) zu uns jungen Soldaten sprachen.

---

[3] Kapitän zur See

11. Dezember
Ein Jahr lang steht nun die Achse, sowie auch das neuerstandene Japan, gegen Amerika. Am 8. Dezember jährte sich wiederum der Tag der Schlacht bei den Falklandinseln. Herr Leutnant Heinze erinnerte in kurzen Worten an den rumreichen Tag der deutschen Kriegsmarine.

Seit dem 11. Dezember setzen die Russen an der Front von Kalinin neue große Operationen an. Anscheinend versucht er hier durchzubrechen, denn die schon anfänglichen Abschusszahlen, die das O.K.W.[4] letzthin bekannt gab, lassen auf große Truppenmassen schließen.

---
[4] Das **O**berkommando der **W**ehrmacht war zuständig für Planungsaufgaben. Es war dem Obersten Befehlshaber der Wehrmacht, Adolf Hitler, unterstellt.

Woche vom 14.12.-20.12.

……….. Sondermeldung! …….. Sondermeldung!

…gellt es durch den Äther, und es kündet einen neuen Sieg über unseren alten Gegner an. Deutsche Unterseeboote versenkten vor der ………! Es wurden insgesamt 98.000 Brt. auf den Grund der Meere geschickt. So geht der Kampf auf den Meeren unaufhörlich weiter, der Kampf um Sieg oder Untergang des deutschen Volkes. Ununterbrochen tun die Männer in Sturm und Regen ihre schwere Pflicht, doch nicht nur deutsche Seeleute führen diesen Kampf, sondern fern im Osten hat Großbritannien einen Gegner, der genau wie wir, zäh und verbissen um Lebensraum für sein Volk kämpft: Japan.

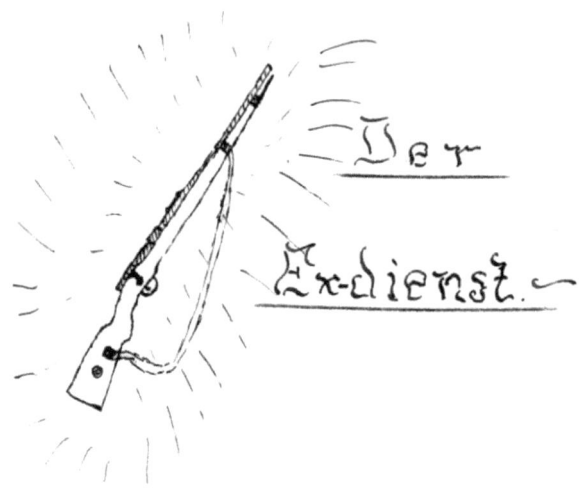

Der Exdienst
Der Exdienst dieser Woche brachte uns das große Erlebnis, nämlich den Augenblick, wo der Soldat zum ersten Mal das Gewehr in die Hand nimmt, und er wirklich zum Waffenträger wird.

Die ersten Übungen waren darauf abgestellt, uns das Gefühl, dass zum Umgang mit der Waffe notwendig ist, beizubringen. Es kommt zuerst zwar schwer komisch vor, aber ich werde mich schon daran gewöhnen.

Der Werkstattdienst
Der Werkstattdienst führte uns wiederum in die E-Schweißerei. Wir lernten, oder vielmehr es wurde uns gezeigt, das Schweißen mit Bewegung, sowie das Auftragsschweißen. Im Werkstattunterricht bekommen wir einen kleinen Einblick in die Schweißmaschine, lernten die Arten der Elektroden kennen und hörten einiges vom Naht-, Stumpf- und Punktschweißen.

Gedanken zum Ko.-Chef-Unterricht
In den beiden letzten Unterrichtsstunden hatte uns Herr Kapitänleutnant Jochmann eingehender mit den Pflichten der deutschen Soldaten bekanntgemacht. Besonders zu dem Thema „Befehlen und Gehorchen" hat er Stellung genommen. Er erklärte, dass sich der Soldat auf dem Exerzierplatz im Kleinen an das Gehorchen gewöhnt.

Der „preußische Drill", der ja viel verspottet und verflucht wird, gerade der ist es, der den Mann erst zum richtigen Soldaten macht, der ihm später den bedingungslosen Gehorsam als selbstverständlich erscheinen lässt. Denn was sollte werden, wenn der Soldat auch im Notfall an jedem Befehl deuteln wollte, wo es vielleicht auf jede Minute ankommt. Dieser preußische Drill hat sich auf allen Schlachtfeldern bestens bewährt. Ob es leichter ist zu befehlen oder zu gehorchen, darüber gibt es nur eine Stellungnahme. Der Soldat, der zu gehorchen hat, hat für den erteilten Befehl keinerlei Verantwortung zu tragen. Derjenige aber, der befiehlt, lädt mit jedem Befehl mehr Verantwortung auf sich, die der Lage entsprechend mehr oder weniger schwer ist. Oft muss er sogar die Verantwortung über Leben und Tod seiner Männer tragen, was das heißt kann man ja ahnen.

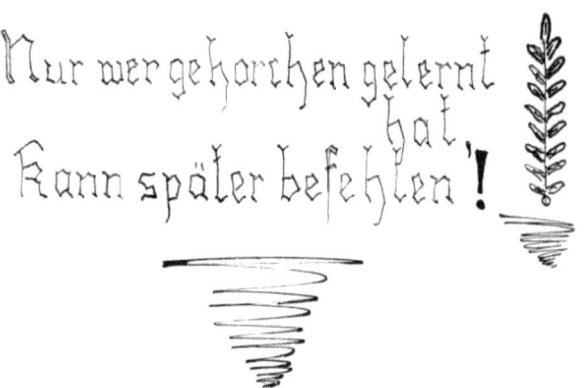

Woche vom 21.12.-27.12.

Zu Beginn der Woche, der Weihnachtswoche 1942, fand das große, im Soldatenleben nur einmalige Ereignis statt, das als der eigentliche Wendepunkt zwischen dem Zivil- und dem Soldatenleben anzusehen ist, die <u>Vereidigung</u>.

    Am Dienstag, dem 22. Dezember, war der große Tag da, der uns „Neuen" zu Soldaten werden ließ. Erst seit diesem Tage sind wir richtige Soldaten und durch unseren Schwur sind wir Angehörige einer großen Kampfgemeinschaft geworden. Ein jeder Mensch glaubt an etwas Höheres, an eine Vorsehung, die das Schicksal lenkt. Daher rufen wir Gott als Zeugen an; wie der Einzelne sich diese Gottheit vorstellt, ist dabei gleichgültig. Der Schwur wird auf den Führer geleistet und fordert unbedingten Gehorsam bis zur Aufopferung des Lebens. Der Führer sagte darüber einmal: „Von keinem meiner Soldaten verlange ich mehr, als ich selbst jederzeit einzusetzen bereit war". Wenn man den Eid nur flüchtig übersieht, so kommt man zu der Meinung, dass man dadurch zum Sklaven gestempelt wird. Aber ist denn der Führer, der doch ebenfalls denselben Eid geschworen hat, ein Sklave? Nein, im Gegenteil. Es kann doch nichts Schöneres geben, als sein ganze Dasein überzeugt in den Dienst des Vaterlandes zu stellen, wie es viele der besten Männer unseres Volkes getan haben. Man wird also niemals zum Sklaven, sondern wird vielmehr geehrt dadurch, dass man zu den Männern gehört, die dem Vaterland dienen dürfen.

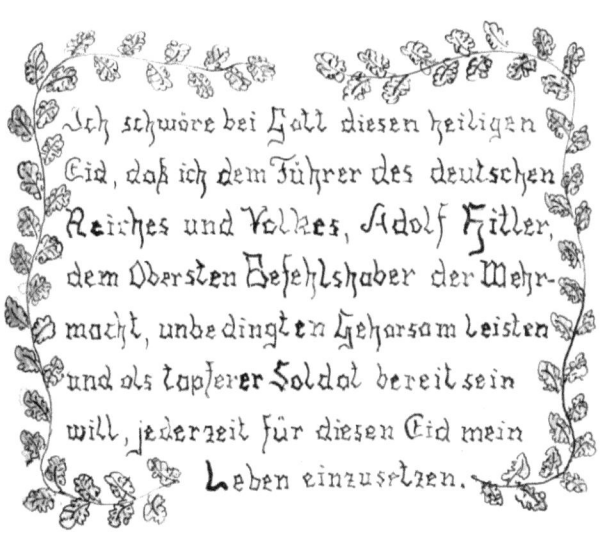

Ich schwöre bei Gott diesen heiligen Eid, daß ich dem Führer des deutschen Reiches und Volkes, Adolf Hitler, dem Obersten Befehlshaber der Wehrmacht, unbedingten Gehorsam leisten und als tapferer Soldat bereit sein will, jederzeit für diesen Eid mein Leben einzusetzen.

Die vierte Kriegsweihnacht
Nun ist es schon das zweite Mal, dass ich die schöne Weihnachtszeit außerhalb des Elternhauses verbringe. Aber unter Kameraden ist diese Zeit bestimmt genau so schön, ja man merkt erst dann, was einem das Elternhaus ist.

So hatten wir am Donnerstagmittag noch „erfolgreichen" und vor allem „erfrischenden" Morgensport. Nach Empfang einer „Riesentüte" redete der Abteilungskommandeur über die Bedeutung und den Wert des Festes. Es wird, wie er sagte, mancher denken, warum feiern wir in dieser schweren Zeit noch das Weihnachtsfest. Aber ist nicht das Weihnachtsfest oder das Fest des Lichtes das Schönste, was wir haben?

Schon lange, lange wurde dieses Fest gefeiert in guter und in schwerer Zeit. Es lässt uns die seelischen Werte unseres Volkes neu erkennen.

Der schönste Augenblick an diesem Heiligen Abend war wohl gekommen, als wir beim Kerzenschimmer die Pakete öffneten, die sich inzwischen auf den Tischen angehäuft hatten und mit erhitzten Gesichtern die Briefe der Angehörigen durchlasen. Eine anschließende Pflicht-, aber schöne Feierstunde innerhalb unseres Zuges gab dem Tag den richtigen Abschluss.

Der erste Landgang
Der erste Landgang! Endlich kam der Augenblick, den wir so lange schon herbeigesehnt hatten. Zunächst einmal kamen wir uns alle sehr lächerlich vor, und das war wohl nur auf die recht sonderbare Form der Mütze zurückzuführen, die „flugzeugträgerartig" unser Soldatenköpfchen bedeckte. Auf den ersten Blick waren wir als Rekruten zu erkennen. Zum ersten Mal mussten wir nun das machen, was uns im Unterricht immer wieder erzählt worden war. Wie üblich, so suchten auch wir ein Café auf und sorgten für unser leibliches Wohl. Aber nicht lange dauerte dieser erste Landgang. Schon bald kehrten wir wieder ins Lager zurück, jedoch mit der Gewissheit, dass wir ab heute alleine ausgehen dürfen.

Der Werkstattdienst
Der Werkstattdienst diese Woche brachte uns wieder neue Aufgaben. Die neuen U-Eisen warten schon auf uns, das heißt wir kommen in die Schlosserei. Die Arbeit, die wir hier zu verrichten haben, ist sehr eintönig. Auch der Unterricht stellt keine großen Forderungen an uns.

1943

Die Woche
der
Jahreswende

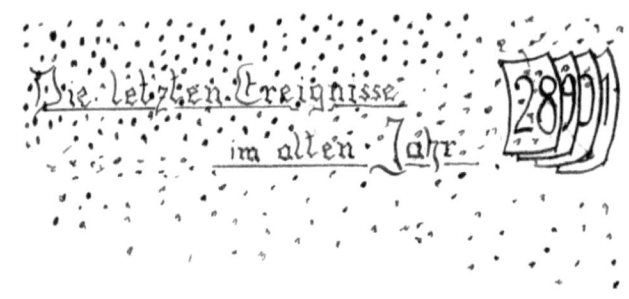

Ein Abend im Walzertakt
Als am Mittwochabend der Werkstattdienst beendet war, und wir in die Kaserne zurückkamen, merkten wir sofort, dass irgendwas „in der Luft lag". Und richtig, schon gleich nach dem Abendbrot hieß es Abmarsch zur Turnhalle III.

Hier wurden wir sogleich mit einem Walzer des Marschkönigs Strauß empfangen. Alsdann hörten wir einen Ausschnitt aus der Geschichte des Walzers, angefangen mit der Allemande bis hin zum Straußschen Walzer. Musik und Gesang in bunter Folge.

Exdienst
Nach drei schönen Feiertagen begann am Montag wieder der Exdienst. Aber er war nicht so wie üblich. Es lag Schnee und dieser trug wohl dazu bei, dass sich der Dienst fröhlicher gestaltete. Zunächst wurde einmal der Ex-Platz ein wenig geglättet und dann ging's mit Eifer und frischem Mut an unsere neuen Aufgaben: Wendungen und Formveränderungen in der Bewegung. Der Schnee ist dabei zwar etwas hinderlich, aber er wird ja auch nochmal verschwinden. Also immer nur hinein…

Werkstattdienst
Im Werkstattdienst feilte ich mein U-Eisen zu Ende. Die Flächen wurden winkelrecht gefeilt und anschließend auf die bestimmten Maße geschlichtet. Mit Hilfe von Schmiergelpapier wurden alle Seiten schön blank gescheuert und aus dem rostigen U-Eisen, das ich anfangs erhalten hatte, war ein glitzerndes Werkstück geworden. Nachdem es mit Namen versehen und zensiert worden war, wurde es eingefettet, und zu den übrigen angefertigten Arbeiten gelegt. Als neue Arbeit habe ich nun ein Vierkanteisen auf gerade Maße zu bringen, das jetzt zwar noch sehr ungenau und verrostet ist, das aber nach einigen Tagen sicher ebenso genau und sauber aussehen wird.

Gedanken zur Goebbelsrede
Am Silvesterabend hielt Reichsminister Dr. Goebbels eine Ansprache an das deutsche Volk. Er führte uns nochmals die großen Geschehnisse der vergangenen Jahre vor Augen. Als er am Silvesterabend 1942 zum Volke sprach, war die Winterkrise im Osten auf den Höhepunkt gestiegen. Aber unter Aufbietung aller Kräfte gelang es unseren Truppen dem Ansturm der bolschewistischen Militärmaschine standzuhalten. Aber es schien außerdem noch, als ob sich die Naturkräfte ebenfalls gegen uns verschworen hätten. Der stärkste Winter seit Jahrzehnten brach herein. Aber die Willenskraft unseres Führers hat auch diesen Moment überwunden, und nun bewährte sich der alte Satz: „Was uns nicht umbringt macht uns nur noch stärker".

Gestählt und gefestigt kamen wir aus dieser Prüfung heraus und nun brach der Frühling an und schließlich auch der Sommer. Unsere Armeen traten erneut zum Angriff an und eroberten ein Gebiet von der doppelten Größe des englischen Mutterlandes. Damit wurden dem

Feind gleichzeitig seine wichtigsten Rohstoff- und Rüstungszentren genommen. Das Jahr 1942 ist das Jahr einer weiteren Sicherung unseres Sieges geworden.

Unterdessen hat sich der Krieg mehr und mehr zu einem Weltbrand entwickelt. Kein Erdteil und fast kein Land wird mehr von ihm verschont. Auch unsere Heimat kämpft und arbeitet und tut alles, was von ihr verlangt wird. „Kampf und Arbeit" soll auch die Parole für das nächste Jahr sein, und ein Wort Friedrich Nietzsches soll uns stets vor Augen stehen:

„Du gehst den Weg Deiner Größe, das muss Dein bester Mut sein, dass es hinter Dir keinen Weg mehr gibt. Jetzt muss das Mildeste an Dir noch zum Härtesten werden. Wer sich schont, der kränkelt zuletzt an seiner Schonung. GELOBT SEI, WAS HART MACHT!".

U-Boote wieder am Feind

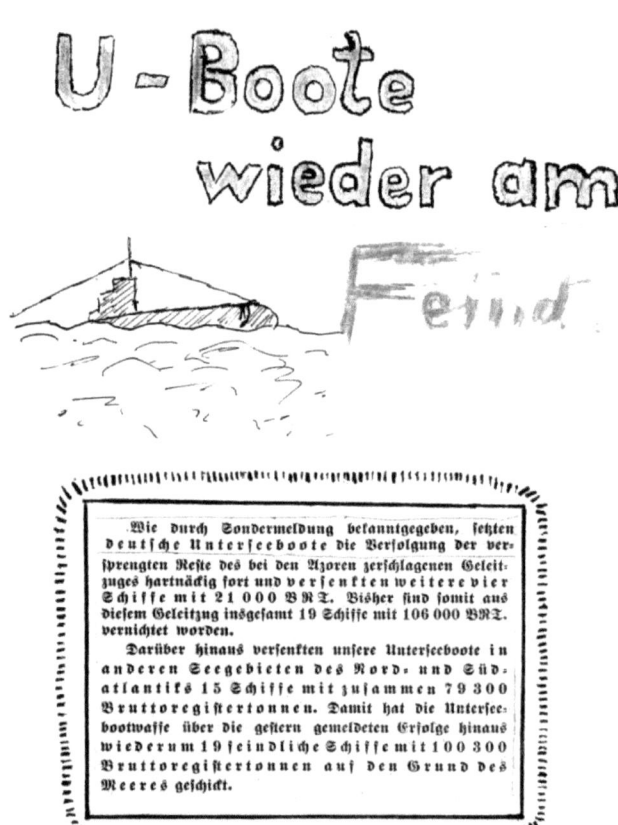

Wie durch Sondermeldung bekanntgegeben, setzten deutsche Unterseeboote die Verfolgung der versprengten Reste des bei den Azoren zerschlagenen Geleitzuges hartnäckig fort und versenkten weitere vier Schiffe mit 21 000 BRT. Bisher sind somit aus diesem Geleitzug insgesamt 19 Schiffe mit 106 000 BRT. vernichtet worden.

Darüber hinaus versenkten unsere Unterseeboote in anderen Seegebieten des Nord- und Südatlantiks 15 Schiffe mit zusammen 79 300 Bruttoregistertonnen. Damit hat die Unterseebootwaffe über die gestern gemeldeten Erfolge hinaus wiederum 19 feindliche Schiffe mit 100 300 Bruttoregistertonnen auf den Grund des Meeres geschickt.

Hart und schwer ist der Kampf auf den Weltmeeren, aber er wird von Männern durchgefochten, die unzerbrüchlich an die Größe und den endlichen Sieg unseres Volkes glauben.

Woche vom 4.1.43-10.1.43

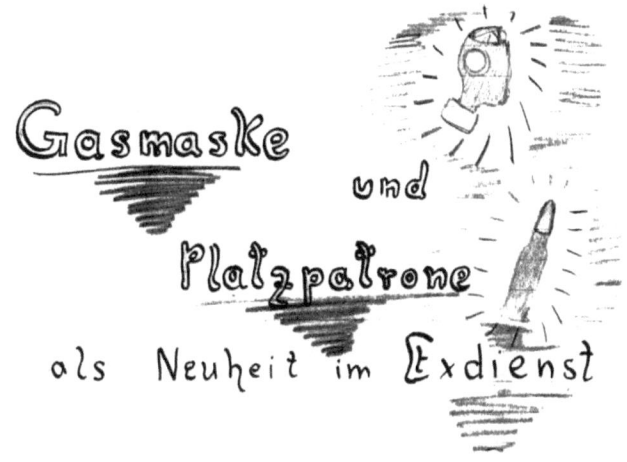

Gasmaske und Platzpatrone als Neuheit im Exdienst

Die erste Überraschung des neuen Jahres brachte uns der Exdienst. Langsam und anfangs noch sehr geräuschlos gingen die ersten Versuche vonstatten. So wurde zuerst jeder Griff nach Tempo eingeübt. Beim „Gewehr über" wird natürlich der größte Wert auf Tempo 3 gelegt. Am Mittag schmerzte dann aber die Hand doch ein wenig vom dauernden Zuschlagen, und den richtigen Schlag hatte ich immer noch nicht raus. Aber es ist noch kein Meister … und einmal wird es ja wohl auch bei mir klappen.

Nachdem wir am Dienstagabend schon ein wenig mit der Gasmaske Bekanntschaft gemacht hatten, stieg am Donnerstag das erste Gasmaskenexerzieren. Anfangs war es ja ganz erträglich, später bekam ich dann aber doch ein wenig Kopfschmerzen, denn die Maske drückte recht stark an der Stirn. Aber eisern wurde weitergemacht, denn ich war ja nicht der einzige der mit diesen Übeln zu kämpfen hatte. Eine Lunge voll frischer

Luft wäre zwar ganz angenehm gewesen, aber damit schadet man sich ja selbst. Wenn man in die Lage kommt, das Gasmaske getragen werden muss, so kann man ja auch nicht alle paar Minuten den Filter losschrauben, oder sich sonst Luft verschaffen.

Werkstättendienst
Meine in dieser Woche neu angefangene Arbeit, die Loch- und Gewindeplatte, habe ich zum größten Teil beenden können. Dabei habe ich auch an der Bohrmaschine gearbeitet und gelernt mit einer derartigen Maschine umzugehen. Im Unterricht wurde das letzte Thema „Bohren, Reiben und Senken" besprochen und gelernt. Damit haben wir die drei Themen der Schlosserei eingehämmert.

Stolze Bilanz unserer U-Boote: 8.940.000 Brt. sanken auf den Grund des Meeres!

Woche vom 11.1.-18.1.

Geburtstag - Unser Reichsmarschall
Unvergesslich für die ältesten Kämpfer ist die Gestalt des Pour-le-merite-Fliegers des Weltkrieges: Hermann Göring.

Die Dienste, die seitdem das Regiment Göring dem Führer geleistet und die Verdienste, die er sich um Volk und Wehrmacht sowie ganz besonders um die Sicherung der deutschen Wirtschaft gegen die feindliche Blockade erworben hat, sind so groß, dass man sie kaum zu würdigen weiß. Der Führer selbst hat sie gewürdigt, indem er ihn seinerzeit zum Reichmarschall des großdeutschen Reiches ernannte, und ihm das Großkreuz des Eisernen Kreuzes als erstem und bisher einzigem Soldaten der deutschen Wehrmacht verlieh. Für ihn empfindet zu seinem 50. Geburtstag das gesamte deutsche Volk, gleich wie dem Führer selbst, das Gefühl heißer und echter Dankbarkeit.

Alfred Rosenberg
Wie unausweichlich die uraltgeschichtliche Auseinandersetzung mit dem bolschewistischen Russland war, das hat neben dem Führer kein anderer so klar und rechtzeitig erkannt wie Alfred Rosenberg, dessen Ehrentag das deutsche Volk feierte. Als Volksdeutscher im Baltenraum geboren erkannte er in voller Größe die Gefahr, die aus dem Osten drohte. In jener Zeit, wo der Führer seinen Kampf begann, entschied sich auch sein Weg. Sein fanatischer Glaube führte ihn im Sommer 1919 mit dem Führer zusammen.

Neben dem Reichsminister und seinem Werk feiert die Partei in Alfred Rosenberg besonders den Reichsleiter, der dem Führer für die ganze geistige und weltanschauliche Schulung und Erziehung der N.S.D.A.P.[5] verantwortlich ist.

---

[5] **Nationalsozialistische Deutsche Arbeiterpartei**

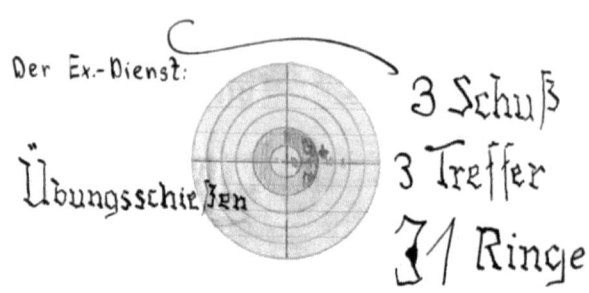

Der Ex.-Dienst: 3 Schuß 3 Treffer 31 Ringe

Übungsschießen

Am Mittwoch sollte nun das erste Scharfschießen steigen. Bei starker Kälte marschierten wir dickvermummt zum Schießstand. Während die erste Gruppe des Zuges ihre Schüsse ins Schwarze lenkte, machten wir vergebliche Anstrengungen uns warme Hände und Füße zu erhalten. Beim zweiten Rennen der 14. Gruppe war die Reihe dann auch an mir. Meine Schüsse lagen alle ein wenig rechts. Aber es waren immerhin 31 Ringe und zwar 10 - 11 - 10.

Der übrige Exdienst verlief wie der der letzten Wochen. Allmählich kommt bei mir auch schon ein Schlag dabei heraus.

<u>Der Werkstattdienst</u>
Der Werkstattdienst der Woche brachte wieder einen Werkstattwechsel mit sich. Von der Schlosserei kamen wir in die Dreherei. In der Dreherei bin ich nun mit dem Bolzen angefangen.

Woche vom 18.1.-24.1.

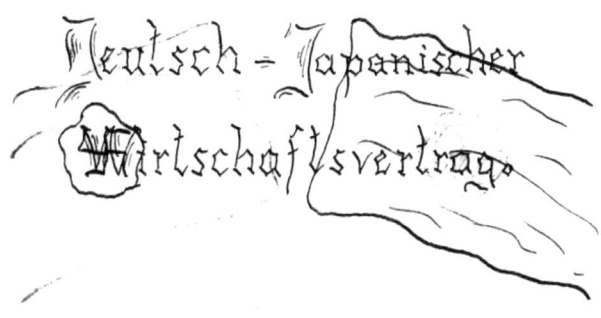

Der Reichsminister des Auswärtigen von Ribbentrop und der kaiserlich japanische Botschafter Hiroshi Oshima haben am 20. Januar des Jahres im Führerhauptquartier einen „Vertrag zwischen Deutschland und Japan über die wirtschaftliche Zusammenarbeit" unterzeichnet. Am selben Tag wurde in Rom ein gleichlautender Vertrag zwischen Italien und Japan unterzeichnet. Damit werden die Großwirtschaftsräume Europas und Ostasiens mit allen ihren Kräften für den totalen Krieg gegen unsere Feinde zum vollen Einsatz gebracht.

Artikel 1.
Deutschland und Japan werden den Austausch wirtschaftlicher Leistungen zwischen ihren Wirtschaftsräumen in jeder Hinsicht und mit allen Kräften fördern und ausbauen.
Sie werden sich bei der Beschaffung von Waren und der Errichtung von Anlagen gegenseitig unterstützen und eine enge technische Zusammenarbeit durchführen.

Artikel 2.
Deutschland und Japan werden eine enge finanzielle Zusammenarbeit durchführen, um die sich aus der Durchführung des Artikels 1 ergebenden Zahlungen zu erleichtern.

Deutsche Unterseeboote versenkten im Mittelmeer und im Nordmeer aus kleinen, stark gesicherten Geleitzügen sechs Schiffe mit 28.000 Brt. Im Seeraum des Atlantiks vernichteten sie, trotz starker Stürme, weitere zehn Schiffe mit 75.000 Brt. Insgesamt also 103.000 Brt.

Im Hauptkampfgebiet unserer U-Boote, im Atlantik, herrschte in den letzten Wochen eine außergewöhnlich lang anhaltende Schlechtwetterperiode mit heftigen Stürmen. Sie erschwerten den Kampf unserer U-Boote durch schlechte Sichtverhältnisse und ungünstige Angriffsbedingungen. Trotzdem gelang es ihnen auch jetzt wieder dem Gegner Verluste beizubringen, die ihn empfindlich trafen.

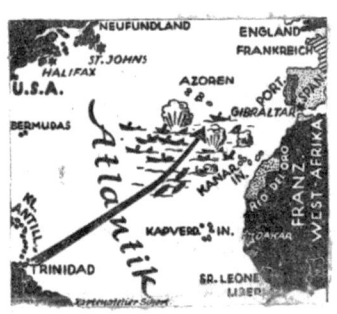

Der Werkstattdienst
Der Werkstattdienst war schon auf die am 28. stattfindende Besichtigung zugeschnitten. Als neue Werkstatt hatte man uns in die Schmiede eingeführt. Am ersten Tag fertigte ich die Reißnadel an und am zweiten Tag einen Wandhaken. Dann wurde ich durch eine Krankheit aus der Arbeit herausgerissen. Im Unterricht der ersten beiden Tage behandelten wir das Thema „Die Einrichtung der Schmiede".

In dieser Woche hieß es wieder einmal: Abmarsch zum Schießen! Es war das erste Bedingungsschießen, zugleich aber auch ein Preisschießen, denn wer 33 Ringe oder mehr schoss, konnte an Land gehen. Diesmal hatte ich aber wirklich Pech, denn mein Schießergebnis lautete: Drei Schuss, drei Treffer, 32 Ringe!

Besichtigung in der Werkstatt.

Nachdem wir nun alle Werkstätten durchlaufen hatten, fand am Donnerstag, dem 28. des Monats, die erste Besichtigung statt. Diese Arbeiten, die wir dort verrichtet haben, sollten uns einen Einblick geben in die Schwere der Arbeit und zugleich ein gewisses Urteilsvermögen über die Dauer dieser Arbeit.

Für mich war diese Besichtigung von besonderer Art. Nur einen Tag hatte ich in der Schmiede gearbeitet, und gleich am nächsten Tage wurde ich im Revier eingeschleust. Als ich daher am Mittwoch entlassen wurde stand ich da „wie der Ochs vorm Berge". In der Nacht zum Donnerstag habe ich also Nachtschicht gemacht und die drei Themen der Schmiede nachgeholt. So konnte ich der Besichtigung gleich meinen Kameraden mit Ruhe entgegensehen. Hier und dort stellte unser Kommandeur einige Fragen oder ließ sich die Arbeit zeigen.

In der sich anschließenden Schlussbesprechung erfuhren wir dann, dass die Abteilung im Ganzen gesehen gut abgeschnitten hatte und dass das Ziel von uns erreicht worden war. Als „Erholung" hob unser Kommandeur dann die zu Anfang des Jahres verfügte Urlaubssperre auf.

Zehn Jahre sind nun vergangen, seit der Führer am 30. Januar 1933 an die Spitze des deutschen Reiches trat. Zehn Jahre - eine kurze Zeitspanne - und doch ist in diesen Jahren geradezu Unglaubliches geleistet worden. Aus dem schwachen und uneinigen Deutschland wurde ein Block der heute einer Welt von Feinden trotzt, und nicht nur Trotz bietet, sondern Sieg auf Sieg erringt.

Heute, am zehnten Tage der Wiederkehr der Machtübernahme, scheint der Heldenmut der kleinen Schar des Jahres 1933 zu verblassen gegenüber dem geradezu heroischen Kampf unserer Armee in den Trümmern der Stadt Stalingrad. Als der Kampf um das Industrie- und Wirtschaftszentrum Stalingrad aufbrannte erkannte der Russe sofort in aller Klarheit die Bedeutung dieses Kampfes. Er setzte daher zur Verteidigung dieser Stadt alles ein, was ihm zur Verfügung stand. Aber Meter für Meter, Schritt für Schritt musste er zurückgehen.

Immer härter und härter wurde der Kampf. Dann brach der Winter herein und lähmte für einen Augenblick das Kriegsgeschehen. Die siegreich vorwärtsstürmende deutsche Armee stand und richtete sich zur Verteidigung ein. Aber in Stalingrad ging der Kampf weiter. Unaufhörlich brandeten die roten Angriffswelle gegen die deutschen Linien vor, aber der deutsche Grenadier stand, stand und hielt die Front, bis die Übermacht der Russen überwältigende Ausmaße annahm. Es gelang ihm, an den Seiten der Stadt durchzubrechen, und somit auch die Einkesselung der in Stalingrad selbst kämpfenden sechsten Armee. Wenn er nun geglaubt hatte, dieses Häufchen deutscher Soldaten einfach erdrücken zu können, so musste er bald einsehen, dass er sich geirrt hatte. Das Häufchen deutscher, rumänischer und slowakischer Soldaten schmolz zusammen, alle Rang- und Klassenunterschiede fielen und es wurde eine einige Schar von Helden, die jeden Fußbreit bis zum Letzten verteidigte.

In seiner Rede am 30.1. verglich der Reichsmarschall diesen Kampf mit der Schlacht des Leonidas bei den Thermopylen und ebenso wie der Wahlspruch bei den Thermopylen, so lautet der Wahlspruch heute: „Wanderer, kommst Du in die Heimat, so verkündige dorten - Du habest uns in Stalingrad liegen sehn, wie das Gesetz es befahl".

Wanderer, kommst du in die Heimat,
so verkündige dorten —
Du habest uns in Stalingrad liegen sehn
wie das Gesetz es befahl.

Woche vom 1.2.-7.2.

Der neue Oberbefehlshaber der Kriegsmarine:

Großadmiral Dönitz

Am 30. Januar empfing der Führer in seinem Hauptquartier den Oberbefehlshaber der Kriegsmarine, Großadmiral Raeder und ernannte ihn in Anerkennung und Würdigung seiner geschichtlichen Verdienste um den Aufbau der neuen Kriegsmarine und um deren Führung im großdeutschen Freiheitskampf zum Admiralinspekteur der Kriegsmarine des großdeutschen Reiches. Der Führer hat sich auf Bitten des Großadmirals hierzu entschlossen, um ihn von der täglichen Arbeit in der Führung der Kriegsmarine zu entlasten, ihn aber als seinen ersten Berater in marinepolitischen Fragen behalten[6].

Gleichzeitig hat der Führer den Befehlshaber der Unterseeboote, Admiral Dönitz, zum Großadmiral befördert und zum Oberbefehlshaber der Kriegsmarine ernannt.

Sie starben, damit Deutschland lebe!

Der Kampf um Stalingrad ist zu Ende. Ihrem Fahneneid bis zum letzten Atemzug getreu, ist die sechste Armee unter der vorbildlichen Führung des Generalfeldmarschalls Paulus der Übermacht des Feindes und der Ungunst der Verhältnisse erlegen. Ihr Schicksal wird von einer Flakdivision der deutschen Luftwaffe, zwei rumänischen Divisionen und einem slowakischen Regiment geteilt, die in treuer Waffenbruderschaft mit den Kameraden des deutschen Heeres ihr Pflicht bis zum Äußersten getan haben.

Viele Wochen hindurch haben diese Helden dem Ansturm von sechs sowjetischen Armeen standgehalten. Vom Feinde eingeschlossen hielten sie in weiteren Wochen schwersten Ringens und härtester Entbehrungen starke Kräfte des Gegners gebunden. Sie gaben damit der deutschen Führung die Zeit und die Gelegenheit zu

---

[6] Tatsächlich war die „Beförderung" von Großadmiral Raeder einer schweren Niederlage in der Bärentsee geschuldet. Hitler enthob Raeder des Kommandos, gab ihm dafür aber offiziell den neugeschaffenen Rang eines Admiralinspekteurs, der völlig ohne Funktion war. So sollte das Ansehen der Marine geschützt werden, während man den „unfähigen" Großadmiral trotzdem von jeder weiteren Verantwortung entbinden konnte.

Gegenmaßnahmen[7], von deren Durchführung das Schicksal der gesamten Ostfront abhing. Die zweimal vom Gegner verlangte Übergabe wurde stolz abgelehnt. Unter der auf der höchsten Ruine gehissten Hakenkreuzfahne starben sie, nachdem sie bis zur letzten Patrone gekämpft hatten.

> Besitz stirbt – du selbst stirbst eins weiß ich der Toten
>
> Sippen sterben – wie sie das ewig lebt Tatenruhm

Neuer großer japanischer Erfolg!

Tokio
Am 29. und 30. Januar kam es in den Gewässern der Salomonen bei der Renellinsel zu einer Seeschlacht, in der zwei feindliche Schlachtschiffe und drei Kreuzer versenkt wurden. Ein Schlachtschiff und ein großer Kreuzer wurden erheblich beschädigt. Nur eine geringe Anzahl japanischer Flugzeuge ging dabei verloren.

---

[7] Es war in der Propaganda üblich, bei besonders schweren Verlusten im Nachhinein von Gegenmaßnahmen und Geheimplänen Hitlers zu sprechen. So würden später auch die Rückzüge aus Russland als „Frontbegradigung" bezeichnet werden, etc.! Damit wollte man das deutsche Volk über den tatsächlichen Stand des Krieges hinwegtäuschen!

Der Dienst der Woche
Statt Werkstattdienst: Maschinenkunde, Mathematik, Werkstoffkunde, Bootsdienst. Zu Beginn der Woche waren wir doch alle gespannt, wie sich der Dienst wohl gestalten würde, denn es tauchten so allerhand „Neuigkeiten" im Dienstplan auf. Für Montag war Bootsdienst vorgesehen. Es wurde befohlen: Fertig machen zum Marsch zur Marineschule! Aber der Wettergott war anderer Meinung. Es regnete in Strömen und unser Traum vom Pullen zerplatzte, als es hieß: Richtung U-Boote. Hier hatten wir Unterricht über deren Bauart und Herstellung. Im mathematischen Unterricht waren wir alle erstaunt, denn die „einfachsten Sachen" wollten anfangs nicht mehr so richtig klappen. Aber so nach und nach ging es dann ja doch, und ließ ein Gefühl von vergangenen Zeiten aufkommen.

In der Werkstoffkunde haben wir allgemeines über die Werkstoffe gehört, und die Metalle genauer besprochen. In der Maschinenkunde wurden auch noch einmal die Grundbegriffe der Mechanik klargelegt.

Woche vom 8.2.-14.2.

„Sondermeldung! Sondermeldung!" gellt es durch den Äther. Und fast immer sind es unsere kampferprobten U-Bootmänner, die wieder in hartem Kampf die kostbaren Schiffe unserer Gegner auf den Grund des Meeres schicken. So ist es auch heute. Knapp drei Tage sind seit der letzten Sondermeldung verstrichen und schon wieder lässt eine Meldung den Feind erzittern:

> ☐ Aus dem Führerhauptquartier, 8. Febr. Das Oberkommando der Wehrmacht gibt bekannt:
> Deutsche Unterseeboote erfaßten vor mehreren Tagen im Nordatlantik ein ostgehendes Geleit, das mit Kurs auf die britischen Inseln aus tief beladenen Frachtern und Tankern von überdurchschnittlicher Größe bestand und dem Wert der Ladung entsprechend besonders stark gesichert war. Das angesetzte Unterseebootrudel versenkte aus ihm in tagelangem hartem Kampfeinsatz 14 Schiffe, darunter 5 Tanker, mit zusammen 109 000 BRT. Ein weiterer Dampfer wurde torpediert.

Schwerer Abwehrkampf im Osten
Nach dem Fall von Stalingrad sind nun an fast allen Teilen der Ostfront, besonders aber im Süden, harte Abwehrkämpfe im Gange. Wieder versucht der Russe mit überlegenen Truppenmassen und starkem Materialeinsatz die deutschen Linien zu durchbrechen. Aber immer wieder wirft ihn der harte und eiserne Abwehrwille unserer tapferen Soldaten zurück. Es ist geradezu unvorstellbar, was diese Soldaten dort aushalten, oder besser gesagt, aushalten müssen. Unter ungewohnten klimatischen Bedingungen bei Temperaturen bis zu 40° minus, weit in Feindesland, stehen sie ihren Mann gegen eine bedrückende Übermacht an Menschen und Material. Aber dieser Kampf geht ja nicht um ein niederes Ziel, es geht ja um Deutschland, Europa und um jegliche Kultur.

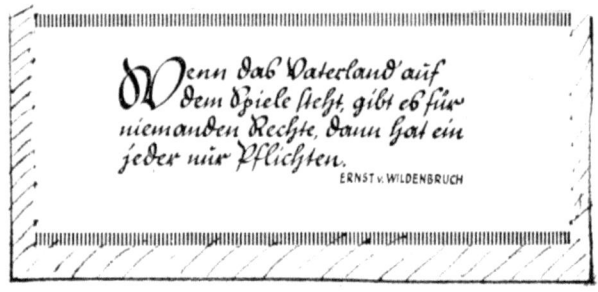

Wenn das Vaterland auf dem Spiele steht, gibt es für niemanden Rechte, dann hat ein jeder nur Pflichten.
                                    - Ernst von Wildenbruch

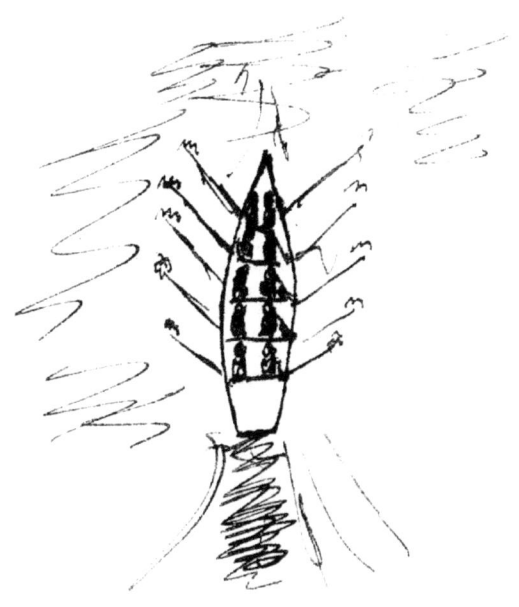

Kutterpullen
Der Dienst der Woche begann mit dem Kutterpullen, auf das wir uns doch alle wohl gefreut hatten. Es war zwar ein wenig kalt, aber der Bootstender sorgte liebevoll für die nötige Wärme. Beim Pullen mussten wir die Feststellung machen, dass es gar nicht so leicht ist, vorschriftsmäßig zu pullen.

Und wieder einmal auf dem Schießstand
Am Freitag ging es wieder einmal zum Bedingungsschießen auf den Schießstand, und zwar wurde liegend (aufgelegt) freihändig geschossen. Die Schießergebnisse meiner Kameraden hatten mich zwar teilweise schon hoffnungslos gemacht, aber es gelang mir dann doch, und ich konnte mit drei Schüssen 29 Ringe verbuchen.

Nachdem wir schon am Freitagnachmittag mit Gasmasken und Gewehr sechs müde Eskaladierwände hintereinander überwältigt hatten und damit ein wenig Vorübung für das schöne Weekend getrieben hatten, ging es am Sonnabendmorgen traditionsgemäß bei „herrlichstem Wetter" auf den Ex-Platz. Der dauernde Regen sowie die peitschenden Schnee- und Hagelstürme machten das Gelände zu einem idealen Tummelplatz. Die Sonne hatte aber schließlich Spaß an unserem Tun. Und kam aus dem dauergrauen Wolkenschleier hervor, machte damit zugleich unserem Dienst ein Ende.

Woche vom 15.2.-21.2.

Der Montagabend brachte uns eine Überraschung besonderer Art. Im Rahmen der Truppenbetreuung spielte die Kapelle Otto Kernbach, die vom Rundfunk her schon manchem bekannt war. Zur Gestaltung des Abends wirkten ferner die ebenfalls vom Rundfunk her bekannte Sängerin Gerda Janger mit. In bunter Reise jagten sich ernste und heitere Weisen, wobei jedoch auch der Humor zu seinem vollen Recht kam. Im Ganzen gesehen war es ein schöner Abend der Entspannung, der die enge Verbundenheit mit der Heimat erneut bekräftigte.

Auf dem Handgranatenmurfstand.

Am Mittwoch ging es, für mich, zum ersten Male in meinem Leben, zum Handgranatenwerfen. Bisher hatte ich immer nur von weitem zusehen dürfen, und nun sollten wir selbst werfen. Bevor wir zum Wurfstand gingen, warf jeder erst mal mit der Übungshandgranate. Aber schließlich ging es dann zum Wurfstand. Jeder warf mit mehr oder weniger Erregung seine Handgranate und dann hieß es: „Kopf weg, volle Deckung".

Untersuchung auf U-Boottauglichkeit!
In dieser Woche fand für uns die Untersuchung auf U-Boottauglichkeit im Lazarett stand. Wie ich, so hat wohl jeder den Wunsch gehabt, möglichst als tauglich aus dieser Untersuchung hervorzugehen.

Ein Volk – Ein Wille!

Gedanken zur Goebbelsrede
Am Donnerstagabend fand im Berliner Sportpalast eine Großkundgebung der Bevölkerung Berlins statt, in der Reichsminister Dr. Goebbels mit schonungsloser Offenheit die Gefahr aufzeigte, in der Europa schwebt. Der Kundgebung wohnten Menschen aus allen Volksschichten bei.

Am Donnerstag nahm Reichsminister Dr. Goebbels das Wort, um dem deutschen Volk und im Besonderen ganz Europa einen Überblick über die Härte und vor allem die weltgeschichtliche Bedeutung dieses Kampfes zu geben. In diesem Kampf geht es nicht nur um Sieg oder Niederlage, sondern um Sein oder Nichtsein des deutschen Volkes und damit zugleich ganz Europas. Es geht um die Erhaltung einer hochstehenden, zwei Jahrtausende alten Kultur.

Seit 25 Jahren hatte der Russe nichts anderes getan, als gerüstet, gerüstet und abermals gerüstet. Das Glück und Wohl seines Volkes war ihm völlig gleichgültig. Ihm wurde das Joch der Zwangsarbeit aufgelegt und sie mussten arbeiten für das eine Ziel: Die Vernichtung Europas und damit aller Kultur.

In verblüffender Weise hatte es der Russe fertiggebracht, durch den Krieg mit Finnland die ganze Welt über das Ausmaß seiner Rüstungen hinwegzutäuschen. So waren wir uns bei Beginn des Krieges wohl nicht völlig über die Härte des kommenden Kampfes im Klaren. Und das war vielleicht gut so, denn sonst wären wir womöglich vor dieser Auseinandersetzung zurückgeschreckt.

Nach nunmehr fast zweijährigem Krieg stellte Dr. Goebbels am Donnerstag die Vertrauensfrage an das deutsche Volk[8]. Die feindliche Propaganda hatte immer wieder der Welt einzureden versucht, das deutsche Volk sei unwillig und des Krieges müde. In seiner Rede richtete der Reichsminister zehn Fragen an das Volk, die eine Antwort fanden, wie sie besser zu geben wohl niemand im Stande wäre.

Dieser Krieg kann aber nur gewonnen werden, wenn das ganze Volk vom Willen zum Sieg durchdrungen ist und dafür alles einzusetzen bereit ist, was in seinen Kräften steht. Es gibt daher für uns nur das eine: Totaler Krieg, bis zur endgültigen Sicherstellung des Sieges.

---

[8] Erich berichtet hier von der berühmten Sportpalastrede, gehalten am 18.2.1943 in Berlin, in der Joseph Goebbels die Anwesenden unter anderem fragte: „Wollt Ihr den totalen Krieg?", was diese mit lautem Rufen und Klatschen bejahten. Dies wurde später zum Willen des gesamten deutschen Volkes erklärt und als Legitimation gesehen.

Woche vom 22.2.-28.2.

Der Geländedienst vom Donnerstag brachte uns eine große Überraschung. Zum ersten Male lernten wir die Bedeutung des Wortes „Buschkrieg" näher kennen.

Nachdem der 5. und 6. Zug je ein MG und sechshundert Schuss Munition erhalten hatte, gab unser Zugoffizier eine kurze Erklärung zu dem Kampf. Der nur zwanzig Mann starke 5. Zug sollte einen Abschnitt der Bahnlinie Flensburg-Glücksburg besetzen und gegen die Versuche des dreißig Mann starken 6. Zuges, diesen Abschnitt in seinen Besitz zu bringen, verteidigen. Wir rückten also ab und brachten besagten Punkt in unsere Hand. Der sechste Zug hatte sich geteilt und griff von zwei Seiten an. Die eine dieser zwei Gruppen wurde jedoch frühzeitig bemerkt und bekam folglich starkes

Feuer. Daraufhin zog sich der eine Trupp zurück. Die Hauptgruppe der Angreifer war inzwischen mit unseren weiter nördlich befindlichen Schützen zusammengestoßen. So konzentrierte sich die Hauptkraft beider Truppen schließlich auf diesen Punkt. Dieser Geländedienst hat wohl alle begeistert.

Schon zu Beginn der Woche hatte Herr Oberleutnant Maßheimer die Kompanie aufgeteilt in die sogenannte Alarmkompanie. Am Donnerstag wurden für den Alarmfall dann Gasplanen und Trageriemen ausgegeben, und es war ein offenes Geheimnis, dass der Alarm in der Nacht von Donnerstag auf Freitag kommen musste. Und richtig, um ungefähr 5:45 Uhr schrillt die Pfeife des U.v.D. „Alarm!". Nach kurzer Zeit war alles feldmarschmäßig angetreten.

Um 8 Uhr marschierte das ganze Bataillon in Richtung Rüde. Hier muss noch bemerkt werden, dass wir inzwischen eine kleine Pause eingeplant hatten die durch Entfernungsschätzen und Geländebeschreibung ausgefüllt wurde.

In Rüde trafen dann die drei Kompanien zusammen. Die größte Freude war der Anblick der Feldküche. „Linsensuppe!", dieses Wort gab uns einen erheblichen Auftrieb. Anschließend marschierte das ganze Bataillon heimwärts. Kurz vor unserer Kaserne wurden wir dann von einer Kapelle empfangen und mit „Gewehr über" ging es in straffem Marsch zur Kaserne.

Woche vom 2.3.-7.3.

Dieser Alarm traf uns doch sehr überraschend. Die Kompanie war soeben auf dem Musterungsplatz zur Frühmusterung angetreten, da hieß es auch schon „Alarm zur Übung". Wir flitzten wieder in die Baracke und standen nach wenigen Minuten alarmzugweise angetreten. Schnell wurde innerhalb der einzelnen Gruppen die Munition verteilt und dann marschierten wir ab in Richtung Rüde. Dem Alarm lag folgender Plan zugrunde: Zwei Kompanien waren in der Flensburger Förde gelandet und unsere anderen Kompanien, darunter auch wir, hatten die Aufgabe, diese vom Festland wieder zu vertreiben.

Leider war unsere Kompanie als Reservekompanie eingesetzt und das hatte letzten Endes zur Folge, dass wir überhaupt keine Feindberührung hatten. So marschierten wir gegen 12:30 Uhr zu einer Wegkreuzung, an der sich unsere Feldküchen befanden, und nach kurzer Mittagpause ging's wieder den Kasernen zu.

Dieser Alarm war wiederum eine Probe für die Einsatzfähigkeit im Ernstfall.

Zeit vom 8.3.-21.3.

Am Freitag war nun auch die Reihe an uns, als Wache am Haupttor aufzuziehen. Schon am Morgen vorher hatten wir unseren Wachanzug „auf Zack" gebracht und die Stiefel auf Hochglanz poliert.

Kaum waren wir aufgezogen, als es auch schon die ersten aufregenden Momente gab. Der Kommandant betrat das Lager und ihm musste die Ehrenbezeugung durch Heraustreten der Wache erwiesen werden.

Eine Wunde am Fuß hinderte mich am Laufen und somit hatte ich während der Woche als Telefonposten zu fungieren und zwar von 1:45-10:30 Uhr. Am Sonnabend um 13 Uhr wurden wir dann wieder abgelöst.

Gäste aus Rumänien
Am Donnerstag, dem 11.3., traf Herr Korvettenkapitän Antonewsku, ein rumänischer Marineoffizier hier ein, um die infanteristische Ausbildung der hier befindlichen rumänischen Offiziersanwärter zu besichtigen. In unserem Zuge befinden sich zwei rumänische Ing.O.A.[9], so wurde also auch unser Zug besichtigt. Wir mussten zehn Minuten lang im Zuge exerzieren. Es klappte alles tadellos, so dass der ausländische Offizier ein gutes Bild von unserem Dienst bekommen haben muss.

---

[9] Ingenieursoffizier-Anwärter

Geländedienst
Mit dem 18. März war auch für uns der Tag der Besichtigung angebrochen. An der Besichtigung nahm in Vertretung von Herrn Konteradmiral Ruhfuß, der Kapitän vom Stab, Herr Kapitän z.S. Wagner, sowie unser Kommandeur, Herr Korvettenkapitän Kretschmar, teil. Der 5. Zug hatte als erstes eine Aufgabe auf dem Gebiete des Geländedienstes bekommen. Die dritte Gruppe hatte einen einzeln liegenden Bunker zu verteidigen, während die erste und zweite Gruppe einen Angriff auf diese Stellung vorzutragen hatte.

Die Aufgabe wurde zur Zufriedenheit der Besichtigenden gelöst.

Sport
Auf sportlichem Gebiete waren die Anforderungen, die an uns gestellt wurden, verhältnismäßig leicht. Wir mussten Freiübungen ohne Gerät durchführen, wobei es vor allem galt Frische zu zeigen. Auch hier haben wir gut abgeschnitten.

Unterricht
Als Letztes nahm die Besichtigungskommission am Unterricht teil. Wir hatten als Thema „Festnahmerecht und Waffengebrauch" bekommen. Mit der üblichen Lebendigkeit begann der Unterricht. Aber schon bald wurde er abgebrochen und der Kommandeur stellte allgemeine Fragen über die letzte Fahrt der „Bismarck". In der sich anschließenden Schlussbesprechung sprachen der Kommandeur und Herr Kapitän z.S. Wagner. Beide gaben sie ein abschließendes Urteil über den Ausbildungsstand unserer Kompanie und gaben uns Ermahnungen und manchen guten Rat mit auf den Weg.

Zeit vom 22.3.-Abkommandierung

—Unser—
Oberbehlshaber

Sondermeldungen am laufenden Band

Seit der bisherige Befehlshaber der U-Boote, Herr Admiral Dönitz, nunmehr Großadmiral und damit der Oberbefehlshaber der deutschen Kriegsmarine geworden ist, macht sich eine starke Aktivität unserer U-Boote bemerkbar. Das wird dadurch bewiesen, dass innerhalb der letzten vierzehn Tage allein fünf Sondermeldungen durch den Rundfunk kamen. U-Boote vernichteten auf allen Weltmeeren insgesamt 67 Schiffe - 428.100 Brt. Wie stark dieser Verlust die feindliche Schifffahrt trifft, kann man wohl schwerlich sagen.

Admiral Scheer

Meine

Bordzeit

auf dem schmeren Kreuzer

„Admiral Scheer."

Meine Vorgesetzten

Kommandant:
Herr Kapt. z.S. Rothe-Roth

1. O.:
Herr Fregattenkapitän Gruber

L.I.:
Herr Korvettenkapitän Hoffbauer

Kadettenoffizier:
Herr Kapitän-Leutnant Stockfleth

Zugoffizier:
Herr Leutnant Herde

Gruppenführer:
Herr Maschinen-Matrose Herrmann

Woche vom 3.4.-11.4.

Lange hatten wir in Mürwik warten müssen, bis endlich auch für uns der Tag der Abreise festgelegt war. Aber schließlich war er eben da, und es hieß für uns, Abschied nehmen. Abschied zu nehmen von einem Ort, wo wir zu Soldaten geworden waren.

Bei der Abfahrt war die beste Stimmung aufgekommen. Musik und Gesang setzten während der ganzen Fahrt fast nicht aus. Im Ganzen gesehen war alles in bester Ordnung, bis auf die Geschwindigkeit des Zuges, die sehr zu wünschen übrig ließ. So kamen wir nach 36 Stunden Fahrt an unserem Bestimmungsort an. Vom Bahnhof aus marschierten wir sofort zum Hafen.

Und ... da lag sie vor uns, die „Scheer". Für mich war es das erste Mal, dass ich ein größeres Kriegsschiff sah. So war ich von diesem stolzen Schiff schwer beeindruckt.

Anfangs wurden wir sogleich in Züge und Gruppen aufgeteilt: Leider wurde ich dabei von all meinen Kameraden, die ich von Mürwik her kannte, getrennt. Als erstes machten wir dann mit der Hängematte Bekanntschaft. Und als dann die Spinde angewiesen wurden, da bekam ich gleich vielen meiner Kameraden einen kleinen Schreck. Die Größe des Spindes stand in gar keinem Verhältnis zum Umfang des Seesacks. Aber schließlich wurde doch alles untergebracht. Unser erster Dienst bestand zuerst nur aus Unterricht über Schiffskunde. Schon nach wenigen Tagen begann dann auch der Maschinendienst, der besonders interessant ist und mir sehr viel Spaß macht.

Die zweite Woche

12.4.
Nun liegt eine Woche Bordzeit hinter uns, und so langsam habe ich mich mit den Verhältnissen an Bord vertraut gemacht. Der Dienst läuft jetzt nach Plan und geht geregelt vor sich. Am Montagmorgen begann der Dienst mit dem üblichen Frühsport. Alsdann ging es zum Maschinendienst.

Ich war, mit noch drei Kameraden, der Pumpenmeisterei zugeteilt. Wir erhielten sofort eine Beschäftigung, die darin bestand einen Heizungsraum zu lenzen[10] und zu säubern. Der Nachmittag brachte uns dann eine Überraschung. Exdienst.

Anfangs haben wir uns sicher ziemlich dumm angestellt, aber nach einiger Übung hatten wir uns schnell wieder daran gewöhnt. Auch Griffe wurden wieder einmal geübt.

---

[10] Lenzen = leerpumpen

13.4.
Unser Zug ist zum Wachegehen der 9. Division zugeteilt. Am Dienstag hatten wir nun Wache. Ich hatte Wache von 20-24 Uhr in der Pumpenmeisterei. Besondere Ereignisse waren nicht da. Kurz vor meiner Ablösung musste ich die Wassertanks neu auffüllen.

14.4.
Der Mittwoch dagegen brachte allerlei Abwechslung im Dienst mit sich. Der Vormittag wurde durch eine Gasmaskenmusterung ausgefüllt. Im Gasreizraum mussten wir zwanzig Minuten lang umhergehen oder laufen. Schon bald zeigten sich die Folgen. Einige Kameraden mussten feststellen, dass ihre Maske tatsächlich nicht ganz dicht abschloss und bekamen neue Gasmasken zugeteilt. Daran erkennt man den Wert dieser Musterung. Wenn tatsächlich einmal Not am Mann sein sollte, so fallen diese Leute schon von vornherein aus, und das wird dadurch eben vermieden. Der Nachmittag brachte

ebenfalls einen interessanten Dienst mit sich. Es wurde Treiböl abgegeben an einen Tanker, und somit bot sich die Gelegenheit, einmal einen Tanker etwas näher zu betrachten. Als erstes sahen wir uns unsere Treibölübernahmepumpe bei der Arbeit an. Diese Pumpe ist eine Zahnradpumpe, die bis zu acht Tonnen Öl in der Minute ansaugt und mit etwa 2 at[11] drückt. Um die Ölabgabe zu beschleunigen wurde außerdem noch vom Tanker aus das Öl angesaugt. Der Tanker war ungefähr 10.000 Brt. groß. Er hat nicht wie Kriegsschiffe die Unterteilungen in mehrere wasserdichte Räume, sondern ist nur in wenige große Abteilungen geteilt, die die ungefähre Menge von 16.000 t Öl fassen können.

15.4.
Der Donnerstag hatte neben dem üblichen Frühsport auch Schiffssicherungsdienst. Dieser Dienst ist von größter Wichtigkeit für die Sicherheit des Schiffes. Er weist jedem Mann der Feuerwache seinen bestimmten Platz an. Es ist daher unbedingt erforderlich, dass jeder seinen Postenbereich genau kennt und weiß, was er zu tun hat. Im Zugoffiziersunterricht wurden wir mit den Grundlagen der Motorenkunde bekanntgemacht und besprachen im Überblick den Diesel-, Otto-, Glühkopf- und Kohlenstaubmotor.

16.4.
Am Freitag hatten wir morgens Maschinendienst. Dabei mussten wir einen Leckpumpenraum lenzen und säubern. Nachmittags hatten wir wieder einmal Schiffskunde. Schon heute machen sich starke Kopfschmerzen und ein leichtes Fiebergefühl bemerkbar.

---

[11] Technische Atmosphäre (Alte Einheit des Drucks)

17.4.
Der letzte Tag der Woche hat wie üblich das Groß-Reinschiff im Dienstplan. Am Nachmittag sahen wir einen Film. Einige Stunden darauf fühlte ich mich derartig schlecht, dass ich mit Fieber und Halsschmerzen im Schiffslazarett eingeschleust wurde. Doch nicht lange sollte ich dort bleiben, das Fieber stieg immer höher und noch abends um 11 Uhr wurde ich in ein Landlazarett geschafft.

18.IV.-21.V. (Lazarettzeit)

Mit dem 18. April begann nun der Aufenthalt im Lazarett. Anfänglich sah es so aus, als habe ich mir eine Lungenentzündung zugezogen. Das Fieber stieg ständig und erreichte manchmal über 40°. Bei der Durchleuchtung stellte sich dann heraus, dass es eine Bronchio-Pneumonie war, die den ersten Lungenflügel angegriffen hatte. So wurden laufend Blutsenkungen gemacht und auch aus den Fingerspitzen Blut entnommen zwecks ärztlicher Untersuchung. So lag ich über drei Wochen in der Koje und durfte mich überhaupt nicht erheben. Am 11. Mai durfte ich dann zum ersten Male für eine halbe Stunde aufstehen, um zur Bestrahlung in den Bestrahlungsraum zu gehen. Aber ich hatte meine Kräfte überschätzt, denn ich konnte kaum frei stehen. Nach zwei Tagen war auch dieses Schwächegefühl überwunden und ich durfte täglich eine Stunde umherlaufen. Die Kurzwellenbestrahlung dauerte jeden Tag zwanzig Minuten und hielt an bis zu meiner Entlassung.

Das Marinelazarett Koserow auf Usedom

Am 18. Mai durfte ich schließlich den ganzen Tag aufstehen und am 21. früh wurde ich aus dem Lazarett entlassen. Mit noch einem Kameraden fuhr ich nach Swinemünde und kam dort in eine Durchgangskompanie. Hier wurden wir vom Revierarzt nochmals untersucht und darauf direkt auf Genesungsurlaub geschickt.

Blick vom Lazarett auf den Strand

Promenade am Strand

Schöne Zeit –
so schnell vorüber.

Am Sonntag, den 23. Mai, brach endlich der Tag an, von dem ich schon so lange geträumt und den ich mir in den letzten Tagen bis in alle Einzelheiten ausgemalt hatte.

Der Reisetag in den ersten Heimaturlaub. Früh um 5:25 Uhr bestieg ich den Zug in Richtung Berlin und landete gegen 23 Uhr in Osnabrück. Der Überraschungsmoment war das Schönste des ganzen Tages, und noch lagen vierzehn schöne Urlaubstage vor mir.

Ich hatte mich zuerst einmal nur meiner Gesundheit zu widmen, da der Wettergott es aber nicht gut mit mir meinte, so verlebte ich den größten Teil des Urlaubs zu Hause. Ich traf einige meiner ehemaligen Kameraden und hatte Gelegenheit, an einem Familienfest teilzunehmen. Dann hieß es auch schon wieder: „Zurück an Bord"!

Am Montagmorgen, dem 7. Juni, war der Abschiedstag. Ein etwas komisches Gefühl stieg in mir auf, das ich aber schnell wieder abschüttelte. Abends um 11 Uhr meldete ich mich wieder bei der Durchgangskompanie aus dem Urlaub zurück und am anderen Morgen ging es an Bord zurück. Am 9. begann der Dienst wieder für mich.

<u>Mittwoch, den 9. Juni 1943</u>
Dieser Tag brachte sogleich eine Veränderung des Dienstplanes mit sich. Morgens hieß es: „Alles klarma-

chen zum Vortrag". Ein Bankkaufmann sprach über das Thema: „Finanzpolitik im Kriege". Er sprach über Möglichkeiten zur Finanzierung eines Krieges; über unsere Währung im Vergleich mit der Goldwährung. Zu dem Vortrag war der gesamte Offiziers- und Unteroffizierskorps anwesend.

Donnerstag, den 10. Juni 1943
Der Donnerstag brachte Dienst nach Dienstplan. Unter anderem Schiffssicherungsdienst und Antriebsgefechtsdienst.

Freitag, den 11. Juni 1943
Der Freitag verlief ebenfalls genau nach Dienstplan. Eine Aufregung jedoch brachte der Nachmittag mit sich, als es hieß: „Heute schreiben wir eine E-Technikarbeit". Für mich war diese Arbeit natürlich ein Problem, da ich bisher noch keinen E-Technikunterricht mitgemacht hatte. Ich schrieb die Arbeit also auch nicht mit, sondern holte auf diesem Gebiet nach, denn ich hatte durch meine Krankheit viel versäumt.

Sonnabend, den 12. Juni 1943
Heute hatten wir Wache. Des Morgens fand aus alter Tradition das Großreinschiff statt.

Sonntag, den 13. Juni 1943
Pfingsten war gekommen. Zwei herrliche Tage lagen vor mir. Sehr viele meiner Kameraden waren schon am Freitag oder Sonnabend auf verlängerten Wochenendurlaub gefahren. Nur wenige blieben auch während der Feiertage an Bord. Am Sonnabend hatte uns der Divisionskommandeur geraten, diese beiden Tage der Erholung zu widmen. Nachdem ich also vormittags meine Arbeiten erledigt hatte, ging ich nachmittags von Bord. Am Strand verlebte ich einige schöne Stunden. Genau so war auch der Verlauf des zweiten Tages, und wie alle schönen Stunden, so flogen auch sie dahin. Am Dienstagmorgen begann der Dienst mit frischen Kräften.

Dienstag, den 15. Juni 1943
Der Dienstag brachte uns im täglichen Dienstverlauf vielerlei Abwechslung. Nachdem wir des Morgens Unterricht gehabt hatten, gingen wir um 10 Uhr zum Sport. Dort wurde ein fabelhafter 400 m-Lauf gestartet. Des Nachmittags war Stationswechsel. Seit meiner Rückkehr aus dem Lazarett war ich einige Tage Hilfskessel

gefahren. Nunmehr wurde ich zum Motorenraum Steuerbord 1 abkommandiert. Ich meldete mich also auf meiner alten Station ab und begann meinen Dienst im Motorraum.

Mittwoch, den 16. Juni 1943
Kaum sind wir mit dem Waschen fertig, da heißt es auch schon „Beeilung, Beeilung! Um 7 Uhr ist ein Vortrag". Mit dem V-Boot fuhren wir zum Zerstörergelände und hörten einen Vortrag über „Lebendige Ordnung". Anfangs erschien mir dieses Thema sehr absonderlich, denn der Titel versprach einen Vortrag rein wissenschaftlicher Art. Der Redner begann mit dem Leben in seinem einfachsten Stadium und kam dabei immer auf Gemeinschaft zu sprechen, die man schon bei diesen Einzellern feststellen kann. Im Laufe seiner Rede übertrug er diese naturgegebenen Grundsätze auf die heutige Zeit, auf Volk und Gemeinschaft.

Der Abend brachte ein großes Ereignis mit sich. Er wurde daher schon seit Tagen mit größter Spannung erwartet. Wir hatten für ihn geübt und gelernt. Es war:

Er fand statt im selben Saale, in dem wir zuvor den Vortrag gehört hatten. Mehrere hohe Gäste sollten an dem Abend teilnehmen, zum Beispiel der Kommandant, der

I.O.[12], der L.I.[13], usw! Um etwa 7 Uhr trafen außer dem Kommandanten alle Gäste ein, und sofort wurde mit dem Programm begonnen. Alle Beteiligten gaben sich größte Mühe, dem Abend zum Gelingen zu verhelfen.

Eine Stunde später traf dann auch der Kommandant ein und hob durch eine kleine Ansprache die Stimmung um ein Erhebliches. Stürmischer Beifall brach aus, als schließlich unser Kommandant ein Liedchen vortrug, zudem er sich selbst auf der Gitarre begleitete. Alkohol und Rauchwaren waren auch vorhanden, wenn auch verständlicherweise in beschränktem Maße. So konnte der Abend als gelungen bezeichnet werden, als gegen Mitternacht der Kommandeur aufbrach.

Donnerstag, den 17. Juni 1943
Heute ging der gewohnte Dienst an Bord weiter. Des Morgens war Maschinendienst, nachmittags Zugoffizier- und Divisionsoffiziersunterricht.

Freitag, den 18. Juni 1943
Des Morgens war wieder Maschinendienst. Die Maschinen wurden im Stundentakt laufen gelassen, um zu sehen, ob für die kommende Seefahrt alles klar wäre. Der Nachmittag brachte außer dem Unteroffiziersunterricht keine weiteren Neuigkeiten mit sich.

Sonnabend, den 19. Juni 1943
Großreinschiff! Heute Morgen habe ich drei Stunden lang gewaschen und geputzt, wie immer des Sonnabends muss alles blitzen und sauber sein. Um 1 Uhr war Zeugdienst angesetzt bis 3 Uhr. Heute Nachmittag

---

[12] I. O. = Erster Offizier
[13] L. I. = Leitender Ingenieur

war ich nicht an Bord. Meine Arbeitspäckchen mussten geschrubbt werden.

Sonntag, den 20. Juni 1943
Heute Vormittag habe ich vor dem Schiff in der Sonne gesessen und meine neu erhaltenen Takelpäckchen eingenäht. Nachmittags war ich an Bord und habe gebadet. Abends war ich auf der Kurpromenade und habe ich mir das Kurkonzert angehört.

Montag, den 21. Juni 1943
Heute Morgen heißt der Befehl: „Um 7:30 Uhr seeklar". Ich hatte von 4-8 Uhr Wache, konnte also das Auslaufen nicht beobachten. Die See war verhältnismäßig ruhig, dennoch stampfte das Schiff leicht und zwar reichte es, um manchen Kameraden auf Abteilung 16 zu bringen. Gegen 19 Uhr wurde geankert. Als ich an Oberdeck ging, lag Land vor uns. Es war Bornholm.

Dienstag, den 22. Juni 1943
Um 4 Uhr zog unsere Division wieder auf Seewache. Seegang war heute überhaupt nicht und es war kaum festzustellen, dass wir überhaupt fuhren. Es wurden heute öfter Manöver gefahren. Alle Augenblicke liefen die Maschinen anders. Einmal beide voraus oder zurück, oder aber auch die Steuerbord- oder Backbordmaschine einzeln.

Mittwoch, den 23. Juni 1943
Auch heute fahren wir wieder in den Gewässern um Bornholm herum. Nachmittags ist Unteroffiziersunterricht über das Thema: „Abstellen der Hauptmotoren". Von 4-8 Uhr haben wir wieder Wache. Bis 7 Uhr laufen die Motoren. Anschließend eine Stunde lang Reinschiff im Motorenraum. Ich hatte die Flurplatten zu scheuern.

Dabei machte ich auch wieder ein wenig mit der Bilge[14] Bekanntschaft, weil ein Schraubenschlüssel hineingefallen war. Wenn man in der Bilge beschäftigt ist, lernt man erst richtig kennen, was es heißt „Drecksarbeit" zu verrichten.

Donnerstag, den 24. Juni 1943
Nach dem morgendlichen Wachdienst ist Zugoffiziersunterricht. Mit Hilfe des Diaskops vergrößerten wir die Bilder und besprachen die Regeleinrichtung. Nachmittags war wieder Unteroffiziersunterricht über die Betriebsvorschrift der Diesel.

Freitag, den 25. Juni 1943
In der 4-8 Uhr-Wache wurde die Motorenöl-, sowie Kühlöl- und Frischkühlwasserleitung besprochen.

Anfangs nur theoretisch, dann mussten wir die vielen einzelnen Schieber und Ventile suchen. Das ist zwar nicht sehr leicht, aber wenn man die Leitungen genau verfolgt, findet man sie schnell. Man kommt dabei in Verwirrung. Heute Nachmittag war um 14 Uhr seeklar. Motorenraum Steuerbord 1 hatte jedoch keinen Betrieb.

---

[14] Bilge = Kielraum, der tiefste Teil des Schiffes

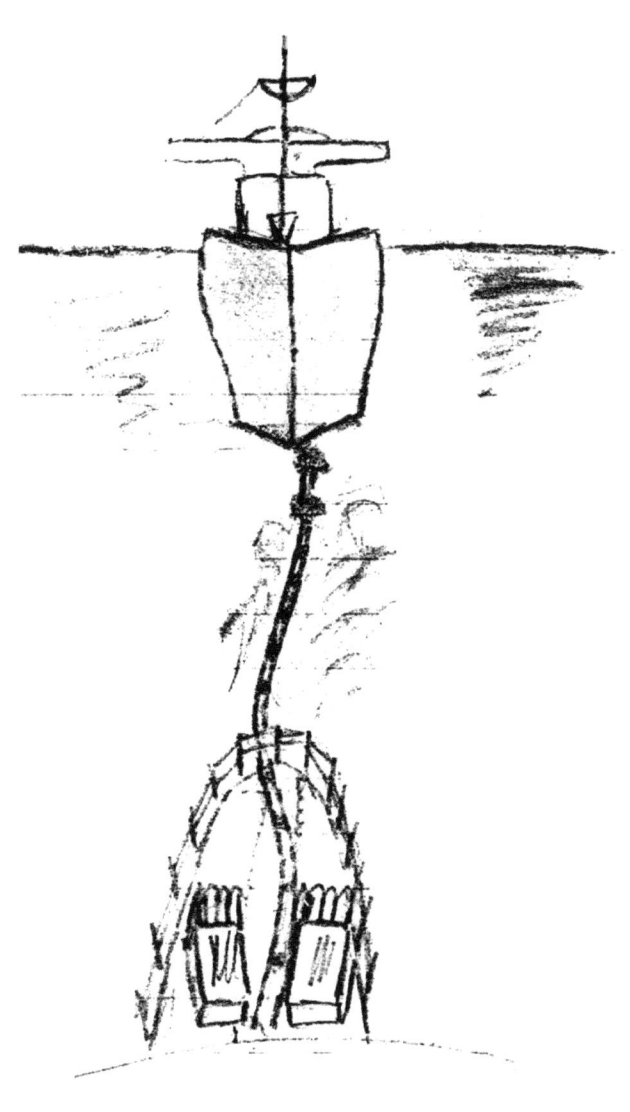

Sonnabend, den 26. Juni 1943
Nachdem ich früh von Wache gekommen bin, gehe ich von 10-11 Uhr auf Reinschiffstation. Heute Nachmittag ist Ölübernahme in See zur Übung. Der dritte Zug tritt geschlossen auf der Schanz an, um sich dieses Manöver zu besehen. Beide Schiffe machen ziemlich gleiche Fahrt. Als erstes wird ein Schlauch über Bord gelassen, der mit Luft gefüllt ist. Am Ende werden zwei Bojen befestigt. So sieht man deutlich wo sich das Ende des Übernahmeschlauches befindet. Er treibt in unserem Kielwasser immer mehr auf das Begleitschiff zu. Nach einigen Manövern wird er dann dort an Bord genommen. Dann konnte Öl übernommen werden. Bei dem ganzen Manöver konnte man sehen, wie schwer so etwas durchzuführen ist. Des Öfteren trieb der Schlauch seitwärts ab oder vertörnte sich beim Anbordnehmen. Wenn nun noch stärkerer Seegang ist, kann man sich ungefähr vorstellen, welche Schwierigkeiten dabei entstehen.

Sonntag, den 27. Juni 1943
Heute habe ich den ganzen Tag gezeichnet und geschrieben. Ich habe noch sehr viel nachzuholen und muss dazu jede freie Zeit ausnutzen.

Montag, den 28. Juni 1943
Ab 6 Uhr früh zieht heute die Seewache wieder auf. Um 8 Uhr ist seeklar. Heute soll Abkommschießen sein. In die 28 cm-Rohre werden 8,8 cm-Einsätze geschoben. Der Grund dafür liegt in der Materialersparnis und außerdem werden dadurch die Rohre vor zu schnellem Verschleiß bewahrt.

Unsere Gruppe steht bei Beginn des Schießens auf der Schanz und wir sind nicht schlecht erschrocken als es plötzlich knallte. Beide Türme feuerten abwechselnd, und am Horizont konnte man die Einschläge mit bloßem Auge gut erkennen. Heute war Wachwechsel. Ab heute gehen wir 12-4 Uhr Wache.

Dienstag, den 29. Juni 1943
Auch heute hielt das Abkommschießen noch an. Morgens hatten wir Schiffssicherungsdienst, der es „in sich hatte". Erstmalig machte ich dabei mit dem Flottenatmer Bekanntschaft. Dieser dient zur Bekämpfung von Bränden, denn er schützt auch vor Kohlenoxydgas, da er von der Außenluft völlig unabhängig ist. Es waren so viele dieser Geräte vorhanden, das fast jeder eine bekommen konnte. Sodann wurde uns die nötige Bewegung verschafft, und nach etwa einer Stunde hatten wir uns mit dem Flottenatmer vertraut gemacht.

Mittwoch, den 30. Juni 1943
Äußerst spannend gestaltete sich heute der Zugoffiziersunterricht. Es wurde die Frage aufgeworfen: „Kann man auf eine Welle eine beliebige Kraft wirken lassen, oder gibt es eine Grenze?". Es gibt in diesem Punkt bestimmt eine Grenze, die von dem Durchmesser und dem Material der Welle bestimmt wird. Die Länge spielt dabei keine Rolle. Wenn man speziell die Schiffswelle betrachtet, so kommt dazu der Punkt Wirtschaftlichkeit. Denn es ist ja so, daß durch größere, oder zu große Umdrehungszahl, das Schiff nicht etwa schneller vorwärts getrieben wird, sondern nur das Wasser aufgepeitscht würde.

Mit dem heutigen Tage ging auch diese Seefahrt zu Ende. In schneller Fahrt ging es Richtung Heimathafen. Um 14 Uhr machten wir am Pier fest.

Donnerstag, den 1. Juli 1943
Nach dem Reinschiff zogen wir sofort auf Maschinendienststation. Dem Wochentage entsprechend war unser Takelzeug noch leidlich sauber. Doch das sollte bald anders werden. Das Kupplungsgestänge für die Abgasklappen des Hilfsmotors war nicht in Ordnung. Wir haben daher das Gestänge nachgesehen bis zu den Klappen am Auspufftopf. Als wir uns dann nachher besahen, war vom ursprünglichen Grau des Takelzeugs nicht mehr viel festzustellen.

Freitag, den 2. Juli 1943
Der Freitag brachte, da wir nicht mehr Wachdivision waren, wiederum den aufregenden Frühsport mit sich. Die 9. Division und unser Zug traten anschließend vor dem Schiff an zu einer Feuerlöschübung. Dabei wurden die an Bord befindlichen Feuerlöschmittel durchgesprochen und vorgeführt.

Am Nachmittag schafften die beiden Verkehrsboote die gesamte 11. Division zum Strand hinüber. Im Anzug Badehose wurde zunächst durch Exerzieren die Müdigkeit verscheucht, sodann sprach unser Divisionsoffizier über das Thema „Das Verhältnis zur Frau". Der Exdienst war jedoch noch nicht zu Ende, er wurde im Wasser fortgesetzt. Es ist schwierig im Wasser in Marschordnung zu schwimmen. Es muß dabei vor allem Ruhe herrschen. Nach Dienstausscheiden war für unseren Zug Landgang.

Sonnabend, den 3. Juli 1943
…und wieder einmal sind wir Wachdivision. Ich hatte Wache von 12-4 Uhr im Maschinenleitstand. Während der Freiwache hatte ich dann gute Gelegenheit, meine schmutzige Wäsche zu waschen.

Sonntag, den 4. Juli 1943
Seeklar! Nachdem wir nun vier Tage am Pier gelegen hatten, ging es wieder hinaus auf See. Um 22 Uhr war jedoch erst seeklar. Wir konnten daher noch am Sonntagnachmittag noch einmal an Land gehen, aber nur bis 8:30 Uhr. Kurz vor dem Auslaufen hatte sich wieder eine ganze Schar Schaulustiger vor dem Schiff angesammelt, um dem Ablegemanöver beizuwohnen. Die 9. Division hatte wieder einmal Glück, wir zogen auf 4-8 Uhr-Wache.

Montag, den 5. Juli 1943
Heute um 8 Uhr wird für kurze Zeit geankert, doch nach etwa einer Dreiviertelstunde geht es schon wieder weiter. Bei den Flakwaffen herrscht Hochbetrieb. Übungsschießen. Die 10,5 cm stört durch ihr starkes Krachen beim Abschuss dabei erheblich unseren Gruppenführerunterricht. Es wird auf einen Luftsack geschossen, der von einem Flugzeug geschleppt wird. Die Sprengwolken haben neuerdings eine rötliche Färbung, die ein besseres Erkennen der Schusslage ermöglichen.

Dienstag, den 6. Juli 1943
Während des ganzen Tages liegen wir heute vor Anker. Unsere Kompanie zieht auf Hafenwachstation. Auch der Dienst verläuft nach Hafendienstplan. Der Vormittag wird durch Unterricht ausgefüllt. Schiffskunde wird getrieben, und die Motorenölreinigungsanlage wird besprochen. Im Schiffskundeunterricht stellten wir jetzt

aber fest, daß man in der kurzen Zeit doch viel verlernt hat. Es ist erforderlich, daß man alle paar Tage wieder einmal die einzelnen Abteilungen durchgeht. Der Nachmittag bringt Maschinendienst mit sich. Wir haben eine Zylinderhaube nachgezogen und die sonstigen, gewöhnlichen Arbeiten verrichtet.

<u>Mittwoch, den 7. Juli 1943</u>
Wir sind alle gespannt auf das 28 cm-Kaliberschießen, das heute stattfinden soll. Schon um 8 Uhr soll der erste Anlauf gefahren werden, aber es ist kein Schuß zu hören. Den ganzen Morgen warten wir vergebens. Diese Freizeit kommt mir sehr zustatten, denn so kann ich nach und nach die Zeichnungen anfertigen, die ich noch nachzuzeichnen habe. Erst nachmittags, wir waren gerade angetreten zum Gefechtsdienst, feuerte Turm Anton die ersten Schüsse. Bis in die späte Nacht hinein hielt das Schießen an, das nur durch kurze Pausen dann und wann unterbrochen wurde.

Donnerstag, den 8. Juli 1943
Als ich aus dem Motorenraum komme, höre ich schon wieder das Dröhnen der schweren Artillerie, das auch noch während des ganzen Vormittags andauert. Die schöne Zeit der Freiwache fällt heute aus. Es ist Zugoffiziersunterricht angesetzt über E-Technik. Es wird mit einem neuen Kapitel begonnen: „Die magnetische Wirkung des elektrischen Stroms".

Freitag, den 9. Juli 1943
„Wenn Matrosen gehen an Land, das haut hin", so wird es in dem bekannten Liede gesungen.

Auch dieser Gang an Land haute hin und zwar ganz schwer. Morgens hatten wir gerade am Pier festgemacht, als wir von Wache kamen. Gegen Mittag tauchten zunächst zögernd einzelne Gerüchte auf: „...Exdienst, Exdienst", und plötzlich war die Gewissheit da. „Zur Musterung alles Anzug Blau". Vorher wurden Gewehre empfangen und daran anschließend war Divisionsoffizier-Unterricht.

Gegen 3 Uhr stand die Division zur Von-Bord-Meldung angetreten. Wir bekamen keinen gelinden Schrecken als Herr Kapitänleutnant Stockfleth in Stiefelhosen erschien und damit jegliche optimistischen Gedanken zunichtemachte. Vom „Fleck weg" ging es los. Es wurde ein forscher Schritt angeschlagen, so dass die Letzten im Zuge sich während des ganzen Weges im Laufschritt bewegten. Der Weg mußte natürlich zu den Dünen führen. Hier beschäftigten wir uns nun in der nächsten Stunde auf eine ähnliche Art, wie wir sie in Mürwik des Öfteren erlebt hatten. Ich glaubte manchmal nicht mehr zu können, aber wenn ich meine Kameraden sah, dachte ich, was die anderen können, kann ich auch. Also, Zähne zusammenbeißen und weiter…

Seit Mittwoch, dem 7. Juli, spricht man im Heeresbericht wieder von Kampfhandlungen größeren Stils. Demnach stieß ein deutsches Stoßtruppunternehmen mitten in eine feindliche Aufmarschstellung bei

Bjelgorod und Orel hinein, aus diesem Stoßtruppunternehmen heraus entstand ein Durchbruchsversuch und es gelang, die sowjetische Hauptkampflinie in sechs Kilometer Breite zu durchbrechen. Die Zahlen, die der Heeresbericht in den folgenden Tagen nannte, waren so gewaltig, daß sie mit den Abschusszahlen zu Beginn des Ostfeldzuges gleichgestellt werden können. Das beweist, daß hier auf engstem Raum ungeheure Truppenmassen konzentriert sind. Bis zum heutigen Tage sind die Abschusszahlen stark angestiegen. Über 1.400 Panzer und über 1.000 Flugzeuge wurden von unseren Truppen vernichtet. Die Ziele, die hierbei von den beiden Seiten angestrebt wurden, lassen sich noch nicht erkennen.

Sonnabend, den 10. Juli 1943
Heute ist wieder einmal Wachtag nach Hafendienstplan. Unsere Division hat über das Wochenende wachfrei.

Sonntag, den 11. Juli 1943
Den Sonntagmorgen fülle ich wiederum aus durch Zeichnen. Des Nachmittags ging ich nach langer Zeit mal wieder an Land.

Montag, den 12. Juli 1943
Seeklar! Am ersten Tag der neuen Woche fahren wir nun wieder zur See. Um 14 Uhr ist seeklar. Kurz vor 14 Uhr tritt unser Zug auf dem Aufbaudeck an, um dem Ablegemanöver beizuwohnen. Wie immer, so hatten sich auch heute wieder Besucher auf dem Pier eingefunden. Es ist ein gewaltiger Anblick, zu sehen, wie ein so stolzes Schiff die Anker lichtet und in See geht, wie langsam der Pier verschwindet und man schließlich nur noch die Hafeneinfahrt erkennen kann. Um 15 Uhr war Sicherungsdienst. Alle Mann waren auf Sicherungssta-

tion. Es wurde die Befehlsübermittlung geübt. Dabei hatte ich als Zugehöriger zur Gruppe IV den Hecktelegraphen zu bedienen. Wir haben zwar noch oft Fehler gemacht, aber wenn wir immer wieder üben, so wird auch das einmal tadellos klappen.

<u>Dienstag, den 13. Juli 1943</u>
Es geht immer in Richtung Hela. Als ich mittags um 12 Uhr von Wache komme, liegt der ehemals polnische Kriegshafen backbordseits.

Schon von vornherein machte der Hafen keinen guten Eindruck auf mich. In der Hafeneinfahrt lag das Wrack eines polnischen Zerstörers. Die wenigen Häuser, die zu sehen waren, waren nicht einheitlich gebaut.

Große und kleine Bauten wirr durcheinander. Man stellt sofort den Unterschied fest zwischen einem deutschen Hafen und diesem unordentlichen Polenhafen. In den ersten Nachmittagsstunden kreuzen wir vor diesem Hafen und gehen gegen 16 Uhr vor Anker.

Wir fahren im Verband

Mittwoch, den 14. Juli 1943
Der Mittwoch ist der Tag, an dem die Verbandsübungen durchgeführt werden sollen.

In den Vormittagsstunden trafen wir mit den beiden leichten Kreuzern „Emden" und „Nürnberg" zusammen. Während wir noch auf Wache waren, schleppte uns die „Emden" ab. Anschließend nahm dann die „Scheer" die „Emden" in Schlepp. Den ganzen Tag über wurden Manöver gefahren. In den Abendstunden traf dann auch noch die „Schleswig Holstein" ein, das sogenannte Bügeleisen.

Donnerstag, den 15. Juli 1943
Auch heute noch werden die Verbandsübungen fortgesetzt. Es sind jedoch noch erheblich mehr Einheiten dazu gekommen. Gestern Abend hatte sich nur noch die „Schleswig Holstein" angeschlossen. Nach der 8-12 Uhr-Wache heute Morgen gehe ich an Aufbaudeck und habe ein fantastisches Bild vor mir:

Die Kreuzer „Emden", „Scheer" und „Schleswig Holstein" fahren in Kiellinie, während an Backbordseite die „Emden" sowie zwei Zerstörer und drei Torpedoboote denselben Kurs fahren. In den Morgenstunden hatten „Luftangriffe" durch Torpedoflugzeuge und Jäger stattgefunden. Ich hatte leider nicht die Gelegenheit, diese Manöver zu beobachten und muß mich daher auf die Erzählungen meiner Kameraden stützen.

Freitag, den 16. Juli 1943
Kriegsmarsch zur Übung, das war die Sensation des Tages. Noch bevor wir Gotenhafen anliefen, sollte ein größeres Manöver stattfinden. Es war ja in den letzten Tagen ein großer Teil der deutschen Hochseeflotte hier in der mittleren Ostsee versammelt. Ein Teil dieses Verbandes wurde fortgeschickt, während wir mit dem leichten Kreuzer „Emden" und unseren kleineren Einheiten zurückblieben. Der fortgeschickte Verband stellte starke britische Seestreitkräfte dar, die einen Geleitzug

zu sichern hatten. Diesen mussten wir dann ausmachen und angreifen. Der Kriegsmarschzustand wurde hergestellt und hielt an bis zum Einlaufen in den nunmehr deutschen Hafen:

<u>Sonnabend, den 17. Juli 1943</u>
Weil wir morgen Wachdivision sind, nutze ich den freien Nachmittag aus, um mir die Stadt Gotenhafen zu besehen. Auch dieser Stadt kann man die Zugehörigkeit zu Polen auf den ersten Blick ansehen. Große Mietshäuser in Kastenform, die ungeordnet in die Landschaft gesetzt sind. Keine Gartenanlagen, die den Anblick verschönern - nichts! Wenn man dagegen die netten, alten Häuser meiner Heimatstadt betrachtet, so kann man nicht verstehen, daß dieses Volk sich anmaßte, uns die Kultur bringen zu wollen.

Sonntag, den 18. Juli 1943
Der Sonntag brachte für mich eine große Überraschung mit sich. Während meiner Wache im Maschinenleitstand rief Herr Oberleutnant Kaiser an, daß er einen Helfer für fotografische Arbeiten benötigte. Ich wurde abgeteilt. Zunächst wurden Aufnahmen von beschädigten Maschinenteilen des Motorenraumes gemacht, die gleich darauf in der Dunkelkammer entwickelt wurden. Die Aufnahmen wurden mit einem fabelhaften „Linnhof"-Apparat gemacht. Innerhalb von vier Stunden war die ganze Arbeit erledigt.

Montag, den 19. Juli 1943
Seeklar zur Überprüfung der MES-Anlage! Für uns hieß es schon um 17:30 Uhr „Reise, Reise", denn um 6:30 Uhr war seeklar. Die MES-Anlage sollte überprüft werden (MES, das heißt Mineneigenschutz). Es ist ein offenes Geheimnis, daß es Minen gibt, die von vorbeifahrenden Schiffen magnetisch angezogen wurden. Es ist daher größter Wert darauf zu legen, dass das Schiff möglichst unmagnetisch ist. Dieses war nun der Zweck unserer Seefahrt, die schon des Nachmittags um 16 Uhr beendet wurde.

Dienstag, den 20. Juli 1943
Der Dienstag brachte wieder den üblichen Dienstplan mit sich; unter anderem enthielt dieser auch das schreckliche Wort „Exdienst". Im strömenden Regen marschierten die einzelnen Züge zum Exerzierplatz. Zwei Stunden lang ging es darauf rund. Die Griffe wollten nicht recht klappen und da hieß es eben: „Druck". Diese zwei Stunden hatten jedoch ihren Zweck erfüllt; wir waren wieder Soldaten geworden.

MARIENBURG

Mittwoch, den 21. Juli 1943
„Marienburg"! Geschichte spricht aus diesem Worte, läßt uns sofort aufmerken. Die Zeit des Ritterordens wird in die Erinnerung zurückgerufen. Man denkt an Heinrich von Plauen und an die schreckliche Lage 1410. Nun lagen wir schon vier Tage in Gotenhafen. In der Mittagsmusterung am gestrigen Tage hatte unser Divisionsoffizier alles nötige für die Fahrt bekanntgegeben. Morgens um 6:35 Uhr ging es über Danzig nach Marienburg. Gegen 9 Uhr kamen wir dort an und um 10 Uhr besichtigten wir die Marienburg.

Das 13.-15. Jahrhundert war die Zeit der Backsteingotik. An der ganzen Ostseeküste entstanden prächtige Bauwerke. Aber nicht nur dort, auch im Inneren entstanden sie. Man denke an Magdeburg. Auch die Marienburg ist Backsteingotik.

Deutschordensschloß Marienburg (Westpr.) um 1500

Donnerstag, den 22. Juli 1943
Der schöne Tag ist vorbei und wieder heißt es arbeiten. Nach dem Frühsport ist Maschinendienst. Kaum bin ich unten im Motorenraum, da heißt es auch schon: „Die Spülluftleitung muß gereinigt werden". Auch das gehört nun mal dazu. Also, hinein! In dem Gitter hatte sich Staub und Feuchtigkeit festgesetzt, und störte den Luftdurchzug. Mit Lappen und Drahtbürste war das Gitter bald gereinigt. Umso mehr Schmutz hatte sich aber in unseren Anzügen und auf der Haut festgesetzt, dem wir anschließend mit Wasser und Bürste nach Kräften zu Leibe rückten.

Freitag, den 23. Juli 1943
An beiden Brennpunkten der Schlacht im Osten geht die Abnutzung stärkster feindlicher Kräfte laufend weiter. Immer wieder versucht der Gegner, mit massierten Kräften unter starkem Panzer- und Schlachtfliegerein-

satz, die deutschen Angriffsteile zu durchstoßen, oder zumindest aufzuhalten. In diesen harten Kämpfen bewährt sich immer wieder der Heldenmut der deutschen Soldaten.

Die im Raum zwischen Orel und Bjelgorod massierten gegnerischen Kräfte stellen sowohl materialmäßig, wie in Bezug auf die Mannschaft, das Schlagfertigste dar, was der Gegner je aufzubieten vermochte. Umso höher ist die Leistung der deutschen Soldaten zu werten, die in diesem gigantischen Ringen bisher weit über 5000 feindliche Panzer und über 2000 feindliche Flugzeuge zu vernichten vermochten. Diese stolzen Zahlen sind das Ergebnis einer Unsumme von heldenhaftem Einsatz, kühnster Tapferkeit und kühl abwägender Entschlossenheit der deutschen Soldaten.

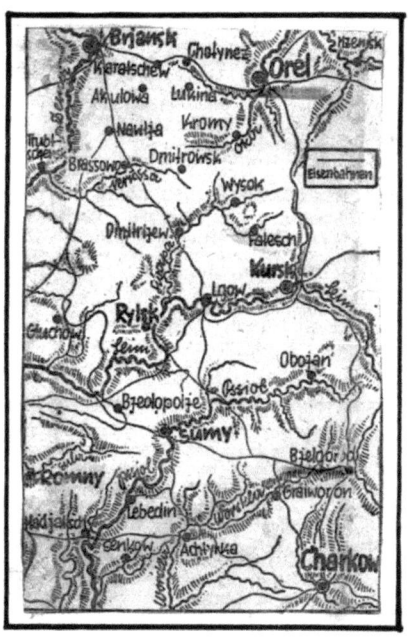

Sonnabend, den 24. Juli 1943
Heute tritt eine Änderung im Dienstplan auf, da wir morgen nach Pillau fahren. Wir haben daher heute den gewöhnlichen Wochendienstplan, während wir morgen den Sonnabend- und übermorgen den Sonntagsdienstplan haben.

Einige Kameraden hatten sich strafbar gemacht, weil sie die Geheimhaltungsvorschriften nicht beachtet hatten. Unser Divisionsoffizier wies daher im heutigen Unterricht nochmals auf die Wichtigkeit der Geheimhaltung im Kriege hin. Es ist leider sprichwörtlich, dass der deutsche Mensch nicht den Mund halten kann, und das hat schon viel Blut gekostet. Es ist also unsere Pflicht, auf die Kameraden zu achten, die sich manchmal nicht beherrschen können[15].

Sonntag, den 25. Juli 1943
Morgens um 8 Uhr war nach acht Tagen Liegezeit in Gotenhafen wieder seeklar. Es ging weiter in Richtung Pillau, diese Fahrt dauerte nicht lange. Schon mittags um 12 Uhr legten wir an, und da wir wachfrei waren, konnten wir bereits am Nachmittag von Bord gehen. Als erstes sah ich mir dabei das Segelschulschiff „Gorck

---

[15] Offener Befehl zum Denunziantentum

Fock" an, das nur etwa hundert Meter achteraus lag. Auf jeden, der dieses Schiff sieht, muß es großen Eindruck machen. Der schnittige Bau mit dem bronzenen Hoheitsadler - ein stolzes Bild. Die Masten und Rahen wirken in ihrer Farbe von weitem wie vergoldet.

Eine besondere Überraschung war es heute für mich, als ich in einem Fähnrich einen Kameraden aus der Heimat wiedererkannte.

Montag, den 26. Juli 1943
Als ich mir am Montagmorgen die Frühnachrichten anhöre, bleibt mir für einen Augenblick die Spucke weg. Es wird gemeldet dass der Duce von seinem Amt - aus gesundheitlichen Gründen - zurückgetreten ist, und das ein für mich bisher unbekannter Graf Badollio die militärische Führung übernommen hat[16]. Es wird betont, daß der Krieg gegen Anglo-Amerika fortgesetzt wird. Diese Nachricht traf mich wie „ein Blitz aus heiterem Himmel". An etwas Derartiges hatte ich noch nie gedacht.

---

[16] Tatsächlich war Benito Mussolini, der Duce, am 25. Juli 1943 überraschend abgesetzt und verhaftet worden. Sein Nachfolger, Pietro Badoglio, führte im Anschluss daran die Verhandlungen mit den Alliierten und schon bald hatte auch Italien, unter Mussolini noch ein Verbündeter Deutschlands, dem Dritten Reich den Krieg erklärt.

Dienstag, den 27. Juli 1943
Nun sind auch diese beiden Ruhetage wieder vorbei und es beginnt der tägliche Dienst. Nach langer Zeit ist es wieder einmal Schiffskunde, wobei man immer wieder feststellen kann, wie schnell man vergisst. Im anschließenden Zugoffiziersunterricht sprachen wir über die Mobilität eines Schiffes.

Der Nachmittag brachte eine angenehme Unterbrechung des Maschinendienstes mit sich, indem es hieß: „Um 16 Uhr tritt der Zug vor dem Schiff an; Anzug Sportzeug, Badehose". Im Laufschritt ging es zum Strand, wo die zwei anderen Züge schon warteten. Es sollten dreihundert Meter im Freistil geschwommen werden und zwar nach Zeit. Dabei konnte ich eine ganz ansehnliche Zeit herausschwimmen mit 6.40 Minuten.

Mittwoch, den 28. Juli 1943
Der heutige Tag steht ganz im Zeichen der Besichtigung, die für unseren Zug am morgigen Vormittag stattfinden soll. Ich hatte mich schon kräftig für eine Besichtigung im Gruppenführerunterricht vorbereitet, doch heute wurde bekannt, dass sie im Motorraum stattfinden soll.

Heute Morgen wurden die Besichtigungstruppen eingeteilt, dabei kam ich zur dritten Gruppe, die die Hauptmotoren anzustellen hat. Am Nachmittag war Zugoffiziersunterricht. Dabei besprachen wir den Bensonkessel und hörten über Turbinen. Später wurde dann im Motorenraum Steuerbord 1 nochmals alles durchgesprochen

Besichtigung!

Donnerstag, den 29. Juli 1943

Der große Tag ist da! Die zweite Besichtigung innerhalb unserer Bordzeit findet heute statt. Unser Zug ist als Erster an der Reihe.

Um 9 Uhr morgens traten die Besichtigungsgruppen auf ihren Stationen an. Wir sind alle ein bisschen aufgeregt, als der Kommandant in Begleitung des L.I., sowie unseres Divisionsoffiziers und Zugoffiziers den Motorraum betritt. Zunächst wird die Gruppe „E-Anlage" besichtigt, darauf die zweite Gruppe, die den Hilfsmotor anzustellen hat und dann sind wir dran.

„Stillgestanden! Meldung bekommt der Kommandant! Die Augen links!", und schon ging es rund.

Besonders an uns, die wir noch Matrosen sind, werden viele Fragen gerichtet, die aber alle zur Zufriedenheit des Kommandanten beantwortet werden.

zurück nach
— Swinemünde —

Freitag, den 30. Juli 1943
…doch jeder Hafen spuckt sie einmal wieder aus…
So auch uns. Gestern hatten wir Pillau verlassen mit dem Ziel Swinemünde. Heute in den Morgenstunden liefen wir ein und legten am alten Pier wieder an.

Es ist 11 Uhr. Die 11. Division steht zur Schlussbesprechung auf dem Pier angetreten. In einer kurzen Rede bringt unser Kommandant die Ausstellungen vor, die ihm bei der Besichtigung aufgefallen waren. Im Ganzen gesehen ist die Beurteilung ein Lob für uns, auf das wir nicht gerade wenig stolz sind.

Sonnabend/Sonntag, den 31. Juli/1. August 1943
Unsere Division hatte „großen Sonntag", das heißt wir waren über Sonnabend und Sonntag wachfrei. Mehrere Kameraden waren auf Urlaub gefahren. Die wenigen freien Stunden des Sonnabends benutzte ich, um zu waschen und meine schriftlichen Arbeiten zu erledigen. Am Sonntagvormittag war Singen. Seit einigen Tagen wird unter der Aufsicht eines Singleiters diese Singstunde durchgeführt.

Am Sonntagmorgen um 11:30 Uhr trat die Division wiederum an zur Bekanntgabe der Beförderungen. Ich war nicht bei den Beförderten. Es war im Augenblick für mich ein schmerzliches Gefühl, aber im Oktober will und werde ich auch zum Kadetten ernannt werden, dafür werde ich mich mit ganzer Kraft einsetzen.

Gedanken über die Lage in Italien.

Montag, den 2. August 1943
Die Front auf Sizilien reicht nach der Mitteilung des italienischen Wehrmachtsberichts vom Raum um Agrigento bis zur Ebene von Katania, über etwa 140 Kilometer meist gebirgiges Gelände. Auf Sizilien sollen bisher zwei Armeen gelandet sein; eine englische und eine amerikanische Armee.

Wie konnte es nun zu dem Regierungswechsel in Italien kommen?

Bisher war Italien immer in zwei Parteien gespalten. Einmal waren das die Faschisten und zum anderen die Königstreuen. Beide Parteien hielten sich ungefähr die Waage. Zunächst hatten die Faschisten unter der Führung des Duce ein wenig die Oberhand. Durch diesen Krieg nun, der wohl hauptsächlich von den Faschisten durchgefochten wurde, wurden diese durch starke Blutopfer stark geschwächt. Dazu kamen nun auch die militärischen Mißerfolge, die sich dahin auswirkten, daß jetzt der Feind im eigenen Land steht. Der starke Eindruck der heftigen britischen Terrorangriffe auf italienische Großstädte, im besonderen Rom, tat sein Übriges. Somit fielen auch die bisherigen Anhänger des Duce von ihm ab und dieser hatte keinen Halt mehr im Volk.

Auf zu neuer Fahrt!

Dienstag, den 3. August 1943
Nachdem wir wieder einmal einige Tage in Swinemünde gelegen hatten, geht es nun wieder in See. Morgens um 8 Uhr zieht die 7. Division auf Seewache. Wir haben also 4-8 Wache. Doch lange soll die Seefahrt nicht dauern, denn schon am…

Mittwoch, den 4. August 1943
…morgens um 11:30 Uhr legen wir an, unter den Klängen der Bordkapelle und zwar in…

Liegezeit in Kopenhagen vom 4.8.-10.8.1943
Kopenhagen! Dänemark! Ein Land, das den Krieg nicht kennt, und wir, die wir seit vier Jahren im Kriege leben, kommen hinein in den schönsten Frieden.

Zwar hat Kopenhagen auch schon einen britischen Terrorangriff über sich ergehen lassen müssen, aber die Schäden fallen im Stadtbild kaum auf. Die Urlaubsfrage war wirklich großzügig gelöst. An Bord blieb jeweils nur die Tageswache. Die Freiwache konnte nach dem Mittagessen und die Vorwache nach Dienst an Land gehen. Am Tage des Einlaufens waren wir Vorwache und es gab keinen der nach Dienstausscheiden nicht an Land ging. 30 Kronen (15,- RM) hatte man uns zunächst zugebilligt. Ich ging durch die Straßen der Stadt und betrachtete die Auslagen in den Schaufenstern. Es ist ein komisches Gefühl, all die vielen Dinge, die wir zu Hause entbehren oder nur beschränkt bekommen, hier vor sich zu sehen und ohne weiteres kaufen zu können. Aber die Geldbörse macht das nicht mit. Am nächsten Tage wurde pro Mann noch einmal 30 Kronen ausgezahlt. So kaufte ich einige dringende Sachen für meine Eltern ein.

Als Hauptstadt Dänemarks hat Kopenhagen sehr viele Sehenswürdigkeiten. So zum Beispiel die Glyptoteket, das Schloß Rosenborg oder das Schloß „Amalienborg", der Wohnsitz des dänischen Königs. Außerdem sind noch sehenswert der Tierpark sowie die vielen Kirchen. Ähnlich dem Wiener Prater ist in Kopenhagen das „Tivoli" ein Vergnügungspark, zu dem täglich tausende von Menschen strömen.

Sechs schöne Tage verlebten wir hier in Kopenhagen, dann ging es mit frischer Kraft weiter.

København. Koncertsalen i Tivoli

København. Christiansborg Slot

Hinaus in die See!

Dienstag, den 10. August 1943
Morgens um 10 Uhr ist seeklar. Auf dem Pier hatte sich schon eine Stunde vor dem Auslaufen eine Infanteriekapelle eingefunden, die uns diese letzte Stunde mit Marschmusik verschönte. In Richtung Süd-Südost ging es dann in See. Im Dienstplan war wiederum eine bemerkenswerte Änderung enthalten. Es war Stationswechsel. Zwei Monate war ich nun im Motorraum gewesen und wurde jetzt zur E-Werkstatt abkommandiert.

Mittwoch, den 11. August 1943
In den frühesten Morgenstunden waren wir wieder vor Anker gegangen. Vor uns lag unser von vielen Fahrten her bekanntes Ziel:

Um 11:30 Uhr hieß es plötzlich: „Alle Mann achteraus!". Der Kommandant sprach der Besatzung seine Anerkennung aus für das tadellose Benehmen, das diese in Kopenhagen an den Tag gelegt hatte und gab das Programm für die kommenden zwei Monate bekannt. Eine besondere Freude wurde ausgelöst, als der Kommandant dabei auf den Urlaub zu sprechen kam. Am 11. soll für die Kadetten der ersehnte Tage kommen. Für mich heißt das: Anstrengen, sich ranhalten, denn ich muß und will es schaffen, bis zum Oktober noch Kadett zu werden.

Um 13:30 Uhr war wiederum seeklar. Heute wurde das erste Gefechtsbild gefahren.

Gefechtsbild 1/43

Donnerstag, den 12. August 1943
Heute Morgen ist nun auch unsere Division an der Reihe, nachdem gestern zum ersten Male das Gefechtsbild 1/43 durchgefahren war. Dem Gefechtsbild lag folgender Gedankengang zugrunde: „Admiral Scheer" führt

Kreuzerkrieg im Atlantik und trifft dabei auf ein Geleit, das von einem Flugzeugträger und einem 10.000 t-Kreuzer gesichert wird. „Admiral Scheer" eröffnet das Feuer auf den schweren Kreuzer, dabei kommt der feindliche Flugzeugträger langsam außer Sicht. Im Verlaufe des Gefechts werden uns mehrere Treffer beigebracht. Davon werden dem Schiff zwei Treffer gefährlich.

Eine Bombe durchschlägt das Panzerdeck in Abteilung II und explodiert im Rudermotorraum. Durch Volltreffer fällt die Backbord-Rudermaschine und durch Splitterwirkung die Steuerbord-Rudermaschine aus. In der Zelle II.7.2 durchschlagen die Splitter die Bordwand. Mehrere Räume laufen voll Wasser. Der Raum ist zu lenzen, das Ruder wird vom Handruderraum bedient.

Der zweite Treffer ist der gefährlichste. Er zerreißt in Abteilung IX den Doppelboden und das Wasser dringt in den Motorenraum Stb. 1 ein. Der Raum muss aufgegeben werden, durch die Explosionskraft hat sich aber die Steuerbord-Welle verbogen und fällt ebenfalls aus.

Das war der ungefähre Gedankenvorgang, der dem Gefechtsbild zugrunde lag.

In Christiansø

Freitag, den 13. August 1943
So oft nun hatten wir schon vor Bornholm gelegen, aber betreten hatten wir diese Insel noch nie. Heute fand nun

der versprochene Landgang nach Christiansø statt. Anzug Blau mit Schwimmweste stiegen wir auf einen längsseits gegangenen Schlepper, der uns in schneller Fahrt hinüber brachte. Jeder hatte noch einmal 5 Kronen erhalten, die vollauf ausreichten um für das leibliche Wohl zu sorgen. Die Stadt Christiansø ist für unsere Verhältnisse nur ein Dorf. Es macht aber auf jeden Fremden schon von vornherein einen guten Eindruck.

Wochenende in Swinemünde

Sonnabend/Sonntag, den 14. und 15. August 1943
Am Sonnabend früh um 7:30 Uhr legten wir wieder im Heimathafen am alten Pier an. Ein kräftiger Regenschauer heißt uns willkommen. Den Sonnabend füllte

ich, da ich den ganzen Nachmittag über E-Werkstattwache hatte, durch arbeiten aus. Am Sonntagmorgen war wieder einmal etwas los. Die Verfehlungen des Zuges hatten sich wieder einmal angesammelt.

<u>Montag, den 16. August 1943</u>
Mit frischer Kraft geht es hinein in die neue Woche. Alles läuft sofort auf höchsten Touren. Die „alten" Motorenraumfahrer, die noch nicht Kolbenausbau gemacht haben, sollen den Hilfsmotor in Backbord 1 verarzten. Vier Kolben sollen ausgebaut werden. Also ran. Der ganze Tag wird durch Maschinendienst. Doch nicht nur heute, sondern auch…

Dienstag, den 17. August 1943
……am Dienstag geht der Betrieb weiter. Zuerst werden sämtliche Leitungen abmontiert, sowie die Zylinderhaube gelöst. Darauf wird mit Hilfe von Flaschenzügen diese Haube abgehoben und seitlich auf die Flurplatten gestellt. Mithilfe der Drehvorrichtung wird dann der Kolben so gedreht, das man den oberen Kolbenring herausnehmen kann. An seine Stelle wird ein Hebering eingesetzt und durch zwei Flaschenzüge angehoben.

Am Nachmittag verabschiedete sich unser bisheriger Divisionsoffizier Herr Kapitänleutnant Stockfleth. Beim Sturz hatte er sich eine Verletzung zugezogen und kam in ein Lazarett. Seine Vertretung übernahm der Divisionsoffizier der 9. Division, Herr Oberleutnant Kaiser.

Der 2. Divisionsabend

Mittwoch, den 18. August 1943
Heute war wieder einmal Divisionsabend und zwar, wie das letzte Mal, im Saale des Zerstörergeländes. Es waren wieder viele Gäste geladen. Unsere stattliche Divisionskapelle sorgte für die nötige Stimmung. Der ganze Abend stand unter dem Motto „Freude und Frohsinn".

Donnerstag, den 19. August 1943
Divisionsabend! Zugabend! Schlag auf Schlag; Und morgen soll die Härteprobe sein. Aber wir sind ja eben der 3. Zug und da ist es nicht weiter verwunderlich.

Im „Hubertus" war alles tadellos hergerichtet. Eine kleine, aber ausgezeichnete Zugkapelle sorgte sogleich für Stimmung. Dann rollte ein kleines, aber stimmungsvolles Programm ab. Wein war en masse vorhanden. Es war für uns eine besondere Anerkennung, als unser Zugoffizier feststellte, daß der 3. Zug nunmehr langsam „auf Zack" kommt, und nachher dieses sogar langsam auf halbe Fahrt erhöhte. Als dann der Abend dem Ende zuging, waren wir erfreut, daß es unseren Gästen gefallen hatte.

> Jetzt muß das Mildeste
> an dir zum Härtesten
> werden. —
> — Gelobt sei
> was hart macht! —

Freitag, den 20. August 1943
Dieses Wort Friedrich Nietzsches gilt besonders für die heutige Zeit, wo unser Volk im schweren Ringen um seine Existenz steht.

Jeder Kadett soll während seiner Bordzeit einmal bis zu seiner Leistungsgrenze beansprucht werden, damit er weiß, was er im Ernstfall zu leisten im Stande ist. Aus diesem Grunde hieß es für uns am Freitagmorgen: „Klar zur Härteprobe! Anzug Takelzeug, Gasmaske". Dann kam der Knall. Wir arbeiteten mit aufgesetzter Gasmaske im Motorenraum Backbord 1. Je zwei Mann mußten einen Kolben ausbauen. Als wir es dann glücklich überstanden hatten, mußten wir sagen, daß wir noch mehr hätten leisten können.

Sonnabend/Sonntag, den 21. und 22.8.1943
Nach der Aussage des Kommandanten sollte dieses Wochenende das letzte sein das wir in unserem alten Liegehafen Swinemünde verleben konnten. Am Sonnabend ging ich daher noch einmal an Land, um noch einmal am Swinemünder Strand zu baden. Der Sonntag war ebenfalls ein Tag der Ruhe. Ich verlebte ihn an

Bord mit wenigen Kameraden, die gleich mir nicht an Land gegangen waren.

Abschied von Swinemünde

Montag, den 23. August 1943
Heute Morgen, 6:45 Uhr, war seeklar. Eine aufregende Woche liegt vor uns. Als wir ausliefen, hatten sich zum letzten Mal Schaulustige eingefunden, um dem Ablegen beizuwohnen.

Der Nachmittag brachte das zweite Gefechtsbild mit sich; das Gefechtsbild 2/43. Unsere Division war Vorwache. Ich gehörte zum Pumpenmeistertrupp und zog, wie immer, auf Sicherungsstation. Das Gefechtsbild hat folgenden Kampfverlauf: Der schwere Kreuzer „Admiral Scheer" führt Kreuzerkrieg im Atlantik. Er stößt im Verlauf seiner Fahrt auf einen amerikanischen 10.000 t-Kreuzer und nimmt das Gefecht auf. Bei diesem Gefecht wird auch der Kreuzer „Admiral Scheer" von drei 20,3 cm-Granaten getroffen. Der erste Treffer liegt in Abteilung 6 und der dritte Treffer in Abteilung 5. Auch heute kamen wieder einige Versager vor, die in der anschließenden Besprechung klargestellt wurden.

Dienstag, den 24. August 1943
Schon vor vierzehn Tagen, als wir von Kopenhagen in unseren Heimathafen zurückfuhren, sollte diese so berüchtigte Gastaufe stattfinden. Aus bestimmten Gründen war sie damals verschoben worden.

Heute nun war alles vorbereitet und die Witterung günstig. Bevor das Gas geschossen wurde, kam noch einmal der Befehl: „Alle Mann achteraus". Wir wurden aufgeklärt über die Art und Wirkung dieses Kampfstoffes und erhielten Verhaltensmaßregeln. Es wurde ein Gas der Blaukreuzgruppe geschossen, das nur tödlich wirken kann, wenn es in größeren Mengen eingeatmet wird. Ansonsten ruft es nach einer Latenzzeit von drei Minuten Husten und Übelkeit hervor und bringt zum Erbrechen.

Um 14:15 Uhr fuhren wir in die gelegte Gaswand hinein und kreuzten darin eine halbe Stunde. Jeder Soldat, der sich dieser Taufe unterziehen mußte, gewann dadurch die Sicherheit, daß seine Maske dicht ist und gleichzeitig damit das Vertrauen zu seiner Maske.

Mittwoch, den 25. August 1943
Ein ganz klein wenig hatten wir uns heute bei der Wachablösung schon gefreut dass wir einen Film sehen würden, aber erstens kommt es anders und…! Es war Unterricht. Doch nicht lange, denn nach kaum einer Stunde schon saßen wir im Deck, klar bei Füllfederhalter. Eine Arbeit mit vierzehn Fragen, und die Zeit sehr knapp bemessen. Nun bin ich, wie wohl auch meine Kameraden, gespannt auf das Ergebnis.

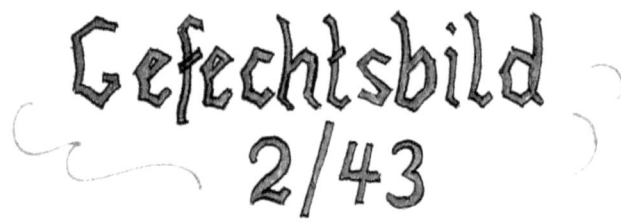

Donnerstag, den 26. August 1943
„Es ist noch kein Meister vom Himmel gefallen", „Übung macht den Meister".

Viele Sprichworte gibt es, die sinngemäß alle dasselbe sagen. Also üben auch wir. Zum zweiten Mal wird heute das Gefechtsbild 2/43 gefochten. Es ist schon des Öfteren der Fall gewesen, dass im wirklichen Gefecht die Treffer so lagen, wie sie in irgendeinem Gefechtsbild angenommen wurden. Um dem technischen Personal zu zeigen, was während des Gefechtsbildes bei dem seemännischen, und umgekehrt auch dem seemännischen Personal Aufklärung über die Vorgänge bei uns zu geben, fand die Schlussbesprechung auf der Schanz statt. Durch eine derartige Besprechung wurden die Fehler, die noch gemacht worden sind, aufgedeckt und gerügt, um aus diesen Fehlern wiederum zu lernen.

Freitag, den 27. August 1943
Bei der letzten Gastaufe hatte sich das Gas zu schnell verflüchtigt und war nicht in alle Räume gedrungen. Aus diesem Grund wurde heute zum zweiten Male Gasalarm gegeben. Damit war die Wache wieder einmal ausgefüllt und unser Ziel hieß - Gotenhafen. Um 17 Uhr wurde am Pier festgemacht und die Hafenwache zog auf.

Sonnabend, Sonntag, den 28.29.8.1943
Am Sonnabend hatte unsere Division wachfrei und viele Kameraden nutzten diesen Tag aus um nach Danzig zu fahren. Großzügig war jedem Soldaten ein Urlaubsschein nach Danzig ausgestellt worden. Ich selbst konn-

te nicht von Bord gehen, da ich mit Arbeit überhäuft war. Am Sonntag hatte ich 8-12 Wache in der E-Werkstatt. Am Nachmittag besuchten mich zwei (ehemalige) Kameraden vom „Prinz Eugen", die in der Rekrutenkompanie in unserem Zug waren, und, es erscheint komisch, aber wenn sich Kameraden treffen, ist das Gesprächsthema immer „der Dienst".

Am heutigen Tage hat auch die 11. Division wieder einmal Kino. Es wurde der Unterhaltungsfilm „Gabriele 1-2-3" gespielt.

Montag, den 30. August 1943

Heute ist auch einmal unsere Torpedowaffe dran. Übungsschießen. Morgens um 6 Uhr ist seeklar. Etwa eine Stunde vor uns war der „Prinz Eugen" ausgelaufen, der dann gegen 10 Uhr wieder in Sicht kam.

Schon in der letzten Woche hatten wir Torpedos übernommen. Es waren alles Übungstorpedos, die an den rot-weiß gestreiften Köpfen erkenntlich sind. Scharfe Torpedos erkennt man an schwarzen Köpfen. Schon einmal hatte ich einem Torpedoschießen beigewohnt und zwar auf der Torpedoschule in Mürwik. Der „Aal" wird durch Pressluft (etwa 200 at) aus dem Rohr geschossen, das nur etwas zwei Meter länger ist als der

Torpedo. Es wird also im Gegensatz zum Artilleriegeschoss nicht <u>nur</u> durch das Rohr die Richtung verliehen, sondern eine besondere Doppelschraubenkonstruktion hält den Torpedo immer in seiner ursprünglichen Richtung. Der Neigungswinkel beim Aufschlag auf die Wasserfläche ist sehr gering. Durch eine weitere Konstruktion lässt sich der Tiefgang einstellen, den der „Aal" während der ganzen Zeit beibehält. Erst nach einer bestimmten Zeit setzt das Triebwerk aus und der Torpedo treibt auf dem Wasser (Dies ist im U-Bootkampf bei Fehlschüssen besonders wichtig).

Übungstorpedos werden auf eine bestimmte Entfernung eingestellt, wo dann der Übungskopf explodiert und etwa drei Minuten lang mit heller Flamme brennt. Heute schossen „Prinz Eugen" und „Admiral Scheer" abwechselnd aufeinander. Das Nachtschießen war jedoch wegen ungünstiger Witterung nicht möglich.

Dienstag, den 31. August 1943
Auch heute noch hält das Torpedoschießen an. Wieder üben „Prinz Eugen" und „Admiral Scheer" durch abwechselndes Aufeinanderschießen. Sechzehn Tage sind nach der letzten Impfung wieder verflossen, da heißt es heute auch schon wieder: „Um 14:30 Uhr tritt der Zug an zum Impfen", das ist damit innerhalb sechs Wochen die dritte Spritze gegen Scharlach und Diphterie.

Mittwoch, den 1. September 1943
„…Seit heute früh 5:30 Uhr wird Granate mit Granate vergolten…". So sagte der Führer in seiner großen Rede

am 1. September 1939. Diese Worte bezogen sich auf das ehemalige Polen. Vier Jahre sind seither vergangen und aus dem kleinen Grenzstreit von damals entwickelte sich ein Weltenbrand im gleichen Ausmaße wie der Weltkrieg.

Polen fiel in achtzehn Tagen. Unvorstellbar kurz war diese Zeit. Der Welt blieb für einen Augenblick die Sprache weg über die Schlagkraft unserer Wehrmacht. Der Führer bot England und Frankreich die Friedenshand. Die wurde lächelnd zurückgewiesen. Weiter tobte der Krieg. In kühnen Landungsunternehmen wurden Dänemark und Norwegen besetzt. England bekam erstmalig den starken Arm der deutschen Luftwaffe zu spüren. Dann wechselte der Kriegsschauplatz über zum Westen. Frankreich - eine Festlandmacht, die sich des stärksten und bestausgerüsteten Landheeres rühmte. Fünf Wochen dauerte der Kampf, dann war es überrannt, vernichtet und zerstampft. Und immer mehr Staaten fanden sich bereit gegen uns und für England zu kämpfen. Jugoslawien, Griechenland und damit auch Kreta. Was sich auch immer entgegenstellte, es wurde zu Boden geschlagen. Da, als man nun glaubte England alleine gegenüber zu stehen, erhob sich im Osten unser alter Gegner Rußland. Dunkel lag über diesem Land. Nichts wusste man von ihm. Aber wir sollten zu spüren bekommen, wem wir gegenübertraten. Hart und immer härter wurde der Kampf; beinahe unmenschlich muß man sagen, wenn man an Stalingrad denkt. Der Bolschewismus hatte in 25 Jahren aus Menschen Tiere gemacht…

So ungefähr ist das Bild, wenn man zurückdenkt und sich die Ereignisse dieser vier Jahre durch den Kopf gehen lässt. Noch immer steht unsere Ostfront, hält stand und schlägt jeden Angriff blutig zurück. Sie wird solange stehen und kämpfen, bis vielleicht einmal der

Tag kommt, wo der Russe zusammenbricht und (wie der Führer sagt): „…dann Gnade Gott, England, dann bist Du allein…!".

Donnerstag, den 2. September 1943
Heute wurde mehrmals das Gefechtsbild 1/43 durchgefahren und anschließend, wie beim Gefechtsbild 2/43, fand eine Kommandantenbesprechung statt.

Dazu war die gesamte wachfreie Besatzung auf der Schanz angetreten. Jeder einzelne der sechs vorgesehenen Treffer wurde mit all seinen Auswirkungen besprochen, so daß man sich ein ungefähres Bild von dem Verlauf des Gefechts machen konnte.

Freitag, den 3. September 1943
Wieder ist damit eine Woche der Arbeit vorüber und es wird Kurs Gotenhafen genommen. Um 17 Uhr wird an unserem altern Liegeplatz festgemacht.

Sonnabend, den 4. September 1943
Wachtag! Die 9. Division hat Tageswache. Ich habe in der E-Werkstatt zu arbeiten. Wahrscheinlich soll dies meine letzte Wache hier sein, denn am Montag ist wieder Stationswechsel. Unsere Hauptarbeiten in der E-Werkstatt sind Reparaturen in der Beleuchtung. Wenn es Sicherungen oder Birnen sind, die ausgewechselt werden müssen, so schaffen wir das schon, aber wenn es das nicht ist, so stehen wir immer machtlos da. Man ist immer ein bisschen stolz, wenn es gelingt eine Beleuchtung wieder klar zu bekommen.

Sonntag, den 5. September 1943
Nach langer Zeit bin ich heute wieder einmal an Land gegangen und was hatte mich dazu veranlasst? Beim Einlaufen in Gotenhafen hatte ich Post bekommen von

einem Kameraden aus der Heimat. Ich war nicht wenig erstaunt, als ich aus dem Poststempel ersah, dass er in Danzig sich aufhielt. So treffen sich zwei Freunde, die sich tausend Kilometer voneinander entfernt glauben. Solche Fälle sind nicht selten. Man hört manchmal vom Zusammentreffen von Brüdern oder ähnliche Zufälle und nennt das eben „Zufall". Dieses Wort Zufall kann man durch viele andere Worte ersetzen, die im Grunde alle dasselbe sagen.

Stationswechsel

Montag, den 6. September 1943
...meldet sich mit Wirkung vom 6.9. von der E-Werkstatt nach E-Werk 3 kommandiert. Damit war der letzte Stationswechsel vollzogen. Langsam neigt sich unsere Ausbildung ihrem Ende entgegen. Vier Wochen ungefähr werden wir jetzt noch auf dieser neuen Station fahren, dann heißt es ausscheiden und klar machen zur Schlußbesichtigung.

Dienstag, den 7. September 1943
Kaum haben wir uns im E-Werk 3 gemeldet, da heißt es auch schon tauchen. Bei der 3.2-Maschine wurde der Zylinder 1 ausgebaut, da der untere Dichtungsring nicht fest abschloß. Also, ran mit frischer Kraft. Die Zylinderhaube herunter, den Kolben raus und die Laufbuchse angehoben. So gewann ich sofort einen Einblick in den

Bau des E-Diesels. Bisher hatte ich eine E-Maschine leider immer nur von außen sehen können.

Kaliberschießen der M.A.

Mittwoch, den 8. September 1943
Das Kaliberschießen der M.A.[17] soll heute stattfinden. Gegen 4 Uhr beginnt die Backbordbatterie mit dem Feuer. Beim ersten Anlauf liegt das Feuer schlecht, jedoch beim zweiten Anlauf liegen die Schüsse gut. Mit uns schießen noch der „Prinz Eugen" und die „Emden". Unser Schiff ist ein Kreuzer, der zur Klasse der sogenannten „Westentaschenschlachtschiffe" gehört. Diese Klasse schwerer Kreuzer ist die einzige, die 28 cm-Bestückung hat. Man sollte nicht glauben, daß die geringe Tonnage diese Bestückung aushält, aber selbst beim Abschuß beider Türme legt sich das Schiff nur wenig zur Seite.

---

[17] Maatenanwärter

Donnerstag, den 9. Sept. 1943
Als wir morgens um 15:30 Uhr zur Wachablösung geweckt werden, erschreckt uns die Nachricht von der Kapitulation Italiens. Zunächst halte ich es für eine der üblichen Parolen. Aber schließlich muß ich es glauben. Unfassbar! Wie kann ein Volk sich so schnell geschlagen geben? Graf Badoglio hat, nachdem der König und er noch am 8. September jeden Gedanken an Kapitulation als Verleumdung zurückgewiesen hatten, in einer Bekanntgabe im römischen Rundfunk diese Kapitulation bestätigt. Er gab zu, General Eisenhower um Waffenstillstand ersucht zu haben. Tatsächlich fand die Unterzeichnung aber schon am 3. statt.

Der Führer spricht....

Freitag, den 10. September 1943
„Der Führer spricht", lange ist es her, seit diese Meldung zum letzten Male durch den Rundfunk kam, aber die Reaktion ist immer die gleiche. Leicht lässt sich der einfache Mensch wankend machen in seinem Glauben

an unseren Sieg und gerade für diese Menschen ist es eine Wohltat den Führer sprechen zu hören. Eine ungeheure Kraft strömt von ihm aus und überträgt sich durch seine Worte auf jeden seiner Zuhörer. Heute sprach der Führer aus dem Führerhauptquartier. Bei seinen Worten hatte ich unwillkürlich das Gefühl, als spüre man die ungeheure Verantwortung, die auf diesem Menschen lastet. Er verdammte diesen Verrat Italiens an Europa und den Treuebruch gegenüber der Achse.

Sonnabend, Sonntag, den 11. und 12.9.43
Die Lage in Italien hat sich inzwischen immer mehr aufgeklärt. Große Truppenmassen haben sich bedingungslos an die deutschen Truppen ausgegliedert. Teilweise haben sich nationaleingestellte Italiener sogar bereit erklärt, mit uns den Kampf gegen Anglo-Amerika weiterzuführen.

Somit war durch die Berechnungen der Engländer und Amerikaner durch die Umsicht des Führers wieder ein dicker Strich gemacht worden. Die ganze Italienoffensive erscheint mir mehr als reinigendes Gewitter, dass früher oder später doch hätte kommen müssen. Die Spitze der politischen Nachrichten während des Wochenendes brachte jedoch die Sondermeldung am Sonntagabend, demnach haben deutsche Luftlandetruppen, sowie Männer des Sicherheitsdienstes und der Waffen-SS, den Duce aus seiner von Badoglio veranlassten Gefangenschaft befreit. Man hatte ihn von einem Kerker in den anderen geschleppt, zur Befriedigung niederer Rachegelüste der Engländer. Die Freundschaft der zwei führenden Staatsmänner wurde dadurch erneut dokumentiert.

— Exdienst —

Montag, den 13. September 1943
Alle Freuden der Bordzeit treten am heutigen Tage wieder auf dem Dienstplan auf. So zum Beispiel Frühsport, Exdienst und Musterung. Aber auch Exdienst muß sein, denn eine lange Seefahrt hat stets zur Folge, daß man äußerlich unsoldatisch wird.

Dienstag, den 14. September 1943
8° Schlagseite nach Steuerbord war befohlen, damit ein Teil der unter Wasser befindlichen Schiffskörper von Miesmuscheln befreit und neu gepönt werden konnte. Also wurden mit dem Bodenventil 8 Steuerbord die Flutwasserzellen der Abteilung VI und VII geflutet. Dazu gehören die Zellen VII.4.2., 4.3., VIII.4.2., 4.4., 4.6. und 4.8. Dadurch wurden ungefähr 140 t Wasser übernommen.

Mittwoch, den 15. September 1943
Nun gab es also doch kein Ausweichen mehr. Um den 10.000 m-Lauf kommen wir nicht herum. Anfangs wurde natürlich etwas „gegöbelt" wie immer, wenn es irgendetwas gibt, was uns nicht passt, aber als wir dann am Start standen, war alles ganz bei der Sache. Zu-

nächst startet der 2. Zug. Zehn Minuten später auch wir. Landstraßenstrecke von Swinemünde bis Ahlbeck und wieder zurück.

Also! Achtung……..-Null-…….. Sofort bildeten sich zwei Gruppen, ich schloss mich der einen an, die sofort ein gutes Tempo anschlug. Bis Ahlbeck ließ es sich ertragen, dann kam der Augenblick der Schwäche, wo man dieselbe Strecke nochmal zurücklegen muss, wo man stehenbleiben und sich hinsetzen möchte. Dann heißt es Zähne zusammenbeißen und weiter. Der Körper ist nur noch eine Maschine, die gleichmäßig ihre Umdrehungen macht. Hinter jeder Straßenbiegung vermutet man das Ziel. Die Letzten des 2. Zuges wurden überholt und dann endlich lag das Ziel vor uns. Das Letzte, was der Körper zu leisten vermochte, wurde herausgeholt….

Zeit: 41,55 min. hatte ich gelaufen und damit die Prüfung bestanden.

Donnerstag, den 16. Sept. 1943
Noch am gestrigen Abend waren wir ausgelaufen. Gotenhafen war das Ziel, der Nachmittag des heutigen Tages wird noch einmal mit dem Gefechtsbild 1/43 ausgefüllt. Alles klappt tadellos. Das Schiff ist gefechtsklar und wir können damit der Gefechtsbesichtigung entgegentreten.

Freitag, den 17. Sept. 1943
Ein besonderes Ereignis möchte ich heute noch festhalten, da es meine Wachstation betrifft. Eine Stunde, bevor unsere Division auf Wache zog, brach im E-Werk 3, also meiner jetzigen Wachstation, ein Brand aus. Auf die Verpackung der Abgasrohre war inzwischen Öl getropft, und da die Maschinen nun schon einige Tage ununterbrochen liefen, war durch die dauernde große Hitze das Öl in Brand geraten. Der Brand wurde aber

sofort bemerkt und mit Schaumfeuerlösch in kurzer Zeit gelöscht.

Sonnabend, Sonntag, den 18. u. 19. Sept. 1943
Der Badogliospuk in Italien ist endgültig vorüber. Benito Mussolini hat wieder die oberste Leitung des Faschismus in Italien übernommen, alle Parteidienststellen wieder errichten lassen und eine strenge Bestrafung der Feigen und Verräter angekündigt, wie aus fünf Tagesbefehlen hervorgeht, die der Duce am 15. September erließ. Sie lauten und besagen im Allgemeinen folgendes:
1.) Ab heute, dem 15.9.1943, übernehme ich wieder die Leitung des Faschismus in Italien.
2.) Die nationale faschistische Partei nennt sich ab heute die „republikanische faschistische Partei".
3.) Alle militärischen und politischen Verwaltungs- und Schulbehörden werden ab sofort wieder eingerichtet.
4.) Den deutschen Truppen ist moralisch und materiell jede Hilfe zu leisten. Die Verräter sind rücksichtslos hart zu bestrafen.
5.) Alle Verbände der Miliz für die nationale Sicherheit werden sofort wieder eingerichtet.

Montag, den 20. Sept. 1943
Reinschiff, Reinschiff! So langsam fällt einem das auf die Nerven. Alle Augenblicke steht man da mit Feudel und Besen in der Hand. Aber auch das muß ja sein und da uns ja die Besichtigung bevorsteht, bei der wir ja unbedingt gut abschneiden müssen, so ist wohl jeder mit Eifer bei der Sache.

Dienstag, den 21. Sept. 1943
Auch heute wieder nimmt das Reinschiff den größten Teil des Dienstplanes in Anspruch. Morgens wird aufgeklart, das alles nur so blitzt. Heute Nachmittag während des Maschinendienstes war es nicht anders.

　Geschrubbt, gepönt und Farbe gewaschen. So, daß der Kommandant am Mittag seine Zufriedenheit aussprach.

Gefechtsbesichtigung

Mittwoch, den 22. Sept. 1943
Endlich ist der Tag gekommen, an dem wir beweisen können, daß unser Schiff gefechtsklar ist. In Friedenszeiten nahm die Gefechtsausbildung immer eineinhalb Jahre in Anspruch. Heute können wir uns diese lange Zeit zur Ausbildung leider nicht erlauben. Aber mit eisernem Willen und mit Zähigkeit läßt sich das Ziel auch in kürzerer Zeit erreichen.

Schon gestern Abend war der Befehlshaber der Ausbildungsstreitkräfte Herr Vizeadmiral Thiele an Bord gekommen. Heute sollten wir nun zeigen, was wir gelernt haben. Am Vormittag war die Einzelbesichtigung, an der wir nicht teilnahmen, weil unser Zug zur Wachdivision gehörte. Am Nachmittag wurde ein Gefechtsbild gefahren und zwar das Gefechtsbild 2/43, an dem der Befehlshaber teilnahm. Bei dem technischen Personal wurde natürlich wieder schwer mit Gas, Feuer und Rauch gearbeitet. Im Ganzen waren wir der Ansicht, daß es wieder einmal hingehauen hat.

Wir sollten auch der richtigen Ansicht gewesen sein, wie wir in der Kommandantenbesprechung erfuhren. Herr Vizeadmiral Thiele lobte die gründliche Ausbildung und sprach der Besatzung und im Besonderen dem Kommandanten seinen Dank und seine Anerkennung aus.

Donnerstag, den 23. Sept. 1943
Heute früh ist Maschinendienst. In E-Werk 3 ist wieder etwas los. Das ist ja schon bald Tradition. Ein Fachmann von der Werft war eingestiegen und überprüfte die Treibölpumpen. Dabei ging es natürlich heiß her. Lange habe ich nicht mehr derartig geschwitzt wie heute Morgen.

Wenn also der morgendliche Dienst sehr anstrengend war, so sollte der Nachmittag den Ausgleich bringen. Das letzte Wochenende war so sehr mit Arbeit angefüllt gewesen, dass wir nur sehr wenig davon bemerkt hatten. Als Entschädigung war daher heute Nachmittag dienstfrei.

Freitag, den 24. Sept. 1943
Zur Prüfung der MES-Anlage war heute seeklar. Morgens um 8 Uhr liefen wir aus. Es sollte eigentlich das Zonenschießen der S.A. stattfinden, daß aber wegen schlechter Sicht ausfiel. Wir gingen auf Gegenkurs und legten nachmittags gegen 4 Uhr wieder am Pier an.

Sonnabend, Sonntag, den 25./26.9.1943

Der Duce, geleitet von seinen Befreiern, verläßt sein Gefängnis

Montag, den 27. Sept. 1943
Schon gestern Nachmittag waren wir aus Gotenhafen ausgelaufen und waren auf Reede von Anker gegangen. Heute Morgen lief nun der gesamte Ausbildungsverband aus, um die schon lange vorgesehenen Verbandsfahrten auszuführen.

Dienstag, Mittwoch, den 28./29. Sept. 1943
Heute ist „wüst was los" an Oberdeck. Wir fahren im Verband. Mit uns sind der „Prinz Eugen", „Nürnberg", „Emden", „Leipzig". Außerdem unsere Zerstörer und

Torpedoboote. Einmal fahren wir in Kiellinie, einmal in Dwarslinie. Die Bordflugzeuge starten und werden wieder eingesetzt. Am Nachmittag - wir sind gerade beim Unterricht auf der Schanz - ist plötzlich wie aus dem Nichts ein Geschwader Sturzkampfflugzeuge über uns vom Typ „Ju 88". Wie ein Schwarm Hornissen kommen sie im Tiefangriff nur wenige Meter über der Wasserfläche dahergefegt, ziehen blitzschnell hoch und sind schon wieder fort. Am Mittwochmorgen gesellen sich noch vier U-Boote dazu. Unterwasserangriffe werden gefahren. Torpedoboote und Zerstörer greifen an. Wie erwähnt: „Es ist schwer was los".

<u>Donnerstag, den 30. Sept. 1943</u>
Morgens gehen wir bei Hela auf Reede vor Anker und treffen dabei auf unser Schwesterschiff. Noch am Abend um 9 Uhr laufen wir wieder aus nach Gotenhafen.

<u>Freitag, den 1. Okt. 1943</u>
Minengefahr! Minensucher vor! Kaum eine halbe Stunde waren wir gefahren, da wurde schon wieder Anker geworfen und wir lagen an derselben Stelle wie zuvor. In der Nacht hatte der Tommy die Hafeneinfahrt mit Minen verseucht. So fuhren wir erst am anderen Mor-

gen nach Gotenhafen. Jedes Schiff wurde einzeln von Minensuchern in den Hafen geleitet.

<u>Sonnabend, Sonntag, den 2./3.X.1943</u>
Meine Beförderung! Nun habe ich es doch noch geschafft, trotz meiner Krankheit. Für mich war es von besonderer Freude, weil ich damit meinem Vater bewiesen habe, dass ich mein Versprechen, dass ich ihm im Lazarett gegeben hatte, gehalten habe.

Hier endet das Logbuch! Was im Folgenden aus Erich Hellerstieg geworden ist lässt sich heute leider nicht mehr zweifelsfrei feststellen.

Die „Admiral Scheer" aber, auf der er während dieser Aufzeichnungen Dienst tat, wurde 1944 wieder in den aktiven Dienst versetzt, um mehrfach Rückzüge zu decken und Flüchtlinge zuerst nach Swinemünde, und später dann nach Kiel zu transportieren. Am 9. April 1945 wurde sie in der Kieler Werft durch mehrere Bombentreffer versenkt. Das Schiff neigte sich dabei stark nach Steuerbord, und blieb halb aus dem Wasser ragend im Hafenbecken liegen.

In den folgenden Jahren wurde das Schiff dann von mehreren Kieler Firmen bis zur Wasserlinie hinab demontiert! Der unter Wasser liegende Teil des Schiffes blieb dabei im Becken liegen, und wurde später mit Trümmerschutt zugekippt. Und so befindet sich die „Admiral Scheer", zumindest teilweise, noch immer in Kiel mit den Koordinaten:

54° 19′ 15.34″ N, 10° 9′ 48.18″ E

Nachwort des Herausgebers

Wenn ich mir heute alte Fotos und Filme aus der Zeit des Dritten Reichs ansehe, dann scheint das alles irgendwie unwirklich zu sein. Die Welt ist schwarzweiß, die Menschen wirken steif und altbacken, diese Zeit scheint schon lange vorbei zu sein. Aber ist sie es?

Mein eigener Großvater marschierte noch mit in den Reihen der Wehrmacht, aber er starb, bevor ich ihn dazu befragen konnte. Glaubte er an Hitler? Oder war er nur ein Mitläufer, der dazu gezwungen war in der breiten Masse mit zu marschieren? Was dachte er, während er in den Krieg zog, in Gefangenschaft kam, wieder nach Hause durfte? Ich weiß es nicht und ich werde es auch niemals erfahren, denn es gibt meinen Großvater schon lange nicht mehr.

Was es aber noch gibt, sind die Briefe und Schriften vieler anderer Soldaten, die mir diese Welt aus einem Blickwinkel zeigen, wie er sonst kaum noch möglich ist. Diese Briefe nehmen einzelne Schicksale aus der breiten Masse heraus und machen diese Soldaten wieder menschlich. Sie zeigen mir, dass nicht alle nur hirnlose Tötungsmaschinen waren, sondern dass es unter ihnen genauso viele liebens- wie verachtenswerte Menschen gab. Dass sie Nuancen hatten, Charaktereigenschaften und Profil. Und vor allem zeigen mir diese Briefe, dass eine Antwort auf meine Fragen nie einfach zu finden sein wird.

Es gibt an und auch in diesen Briefen nichts, was man verherrlichen könnte. Es war kein edler Kampf gegen eine erdrückende Übermacht, wie es damals propagiert wurde, es war der reine Wahn eines Mannes, der es zusammen mit seinen Vasallen schaffte, eine ganze Generation zu täuschen und in den Abgrund zu führen.

Die Antwort auf all meine Fragen ist also vielschichtig und sie ändert sich mit jedem Brief den ich lese. Aber ich denke, es ist gerade jetzt und genau deswegen besonders wichtig sie zu suchen, denn die letzten Zeitzeugen verlassen uns und die Gefahr ist groß, dass nach deren Verschwinden die Wahrheit verdreht wird. Schon jetzt werden immer wieder Stimmen laut, die „die echte Wahrheit" fordern! „Rechts" ist wieder auf dem Vormarsch, viele halten sich für so viel aufgeklärter als die Menschen damals. Der Zahn der Zeit nagt an allem und es wird immer leichter für bestimmte Gruppierungen, unbequeme Wahrheiten auszublenden und sich ihre eigene glorreiche Geschichte zu stricken.

Dagegen sollen diese Bücher wirken. Was darin steht, ist die damalige Lebensrealität so rein wie nur möglich, niemand hat daran etwas verändert und ich lasse es auch ganz bewusst unkommentiert. Denn ich glaube, dass jeder Leser seine eigenen Lehren daraus ziehen wird und ich finde das völlig in Ordnung so.

Meine ganz eigene Wahrheit ist jedoch, dass ich meinen Großvater geliebt habe. Denn was auch immer er im Krieg getan haben mag, für mich war er einfach nur „Opa Jemgum". Ich vergötterte ihn, er war der beste Opa der Welt. Und man kann all diese Menschen nicht nur auf einen Zeitraum von zwölf dunklen Jahren beschränken. Sie alle liebten, lachten und vermissten genau so wie wir; davor, währenddessen und auch noch lange danach. Sie waren damals nicht anders als wir es heute sind, sie waren nicht schwarzweiß, sondern bunt und voller Leben.

Viele dieser Soldaten kehrten nach dem Krieg wieder heim und wurden später unsere Väter und Großväter. Manche erzählten von ihren Erlebnissen, andere schwiegen ein Leben lang. Und auch, wenn ich die Wahrheit über sie niemals ganz werde aufdecken können, so hoffe ich doch, dass ich wenigstens meinen Teil dazu beitragen kann sie wieder greifbar für uns zu machen.

Stefan Heikens

Dieses Buch soll nicht dazu dienen der Marineschule Mürwik oder ähnlichen Einrichtungen Schaden zuzufügen, da sie alle großartige Arbeit leisten. Es geht lediglich darum die Erinnerung an eine wenig ruhmreiche Epoche der deutschen Geschichte in der Erinnerung lebendig zu halten, um eine Wiederholung zu verhindern. Sollte sich trotzdem jemand verletzt, beleidigt oder geschädigt fühlen möchte ich mich hiermit ausdrücklich bei ihm entschuldigen, das ist und war nie meine Absicht, ich habe den größten Respekt vor diesen Einrichtungen.